AF470192

RECHERCHES

SUR QUELQUES

ARTISTES LORRAINS.

CLAUDE HENRIET ; ISRAEL HENRIET ;
ISRAEL SILVESTRE ET SES DESCENDANTS,

PAR M. E. MEAUME.

NANCY,

GRIMBLOT ET VEUVE RAYBOIS, IMPRIMEURS-LIBRAIRES,
Place Stanislas, 7, et rue Saint-Dizier, 125.

1852.

Nancy, imprimerie de veuve Raybois et comp.

RECHERCHES

SUR QUELQUES

ARTISTES LORRAINS.

CLAUDE HENRIET ; ISRAEL HENRIET ; ISRAEL SILVESTRE
ET SES DESCENDANTS.

HENRIET (Claude),

PREMIER PEINTRE DE CHARLES III.

Claude Henriet est né à Châlons en Champagne vers
1540. Il s'adonna à la peinture sur verre et exécuta dans
la cathédrale de sa ville natale des vitraux magnifiques,
qu'on admirait encore en 1668, époque à laquelle ils
furent, en très-grande partie, détruits par un incendie.
Plus tard, l'artiste champenois travailla à Paris où ses
tableaux eurent quelques succès. Il avait surtout, dit
Félibien, un talent d'imitation tel qu'il copia plusieurs
fois le tableau d'Andrea del Sarto (la sainte famille
avec saint Jean) de manière à faire prendre ses copies
pour l'original.

En 1586, Claude Henriet fut appelé à la Cour de Charles III (1). Comblé de bienfaits par ce prince qui le nomma son premier peintre, il s'établit définitivement à Nancy où il exécuta des peintures sur verre et des tableaux (2) dont aucun n'est venu jusqu'à nous avec l'indice certain de son origine.

La date de la mort de Claude Henriet n'est pas exactement connue, mais les comptes du trésorier général de Lorraine prouvent qu'il a touché en 1602 la pension dont il jouissait, et qu'il était mort avant 1607. Tout fait présumer qu'il mourut en 1603 (3). Il fut enterré dans l'église des Cordeliers, et Durival (Mémoire, p. 80) dit que le tombeau de notre artiste se trouvait près de la chapelle appelée *Rotonde*. Ce tombeau a été vraisemblablement détruit vers le milieu du XVIIIe siécle, mais postérieurement à 1752 (4), car Durival, qui l'avait mentionné dans son Mémoire, n'en parle plus dans sa description de la Lorraine publiée en 1778, et l'abbé Lionnois (t. 1er, p. 157) annonce l'avoir vainement cherché, soit dans le cloître, soit dans l'église. Cet auteur pense que le monument a été enlevé de sa place « lorsqu'on a construit le frontispice de la chapelle ducale. »

Dans la notice qui précède, j'ai constamment appelé Claude Henriet l'artiste qui en est l'objet. Cette dénomination est contraire à celle qui a été adoptée par la plupart des auteurs lorrains, et notamment par Dom Calmet, l'abbé Lionnois, Durival et le Père Husson. Le premier appelle constamment, dans sa Bibliothèque,

(5)

Claude Israël celui auquel je donne le nom de Claude
Henriet (5). L'abbé Lionnois a copié Dom Calmet sans
apercevoir les contradictions flagrantes dans lesquelles
est tombé le savant historien. Durival dit aussi dans
son Mémoire (édition in-4°) que le personnage qui fut
enterré aux Cordeliers était Claude Israël, peintre de
Châlons ; mais, dans sa Description de la Lorraine, cet
auteur ajoute qu'il existait à la cour de Charles III deux
peintres sur verre :

L'un appelé Claude Israël, auquel peut s'appliquer
la notice précédente.

L'autre, dont le nom était Claude Henriet, sur lequel
Durival ne donne aucun renseignement (6).

Enfin, pour tout concilier, le Père Husson, dans ses
notes sur l'Eloge de Callot, donne au peintre de Châlons
les noms de Claude Israël Henriet (7).

J'examinerai successivement chacune de ces opi-
nions.

Je dirai peu de choses du système adopté par le Père
Husson, qui, sauf l'addition d'un prénom, me paraît
assez près de la vérité. Je l'admettrais volontiers s'il
reposait sur une base solide, si son auteur citait un do-
cument ancien duquel on pût conclure que le prénom
d'Israël ait dû s'ajouter à celui de Claude. Mais, dans le
silence du Père Husson à cet égard, on doit laisser à son
opinion tout ce qu'elle a de conjectural.

L'explication de Durival est assez ingénieuse ; mais
un motif analogue à celui qui vient d'être donné doit la

faire repousser. D'ailleurs ne serait-il pas assez étrange qu'il ait existé à la cour de Charles III deux peintres sur verre portant le même prénom ? Ne serait-il pas plus singulier encore que le nom de famille de l'un d'eux fût devenu, quelques années plus tard, le nom de baptême du fils de l'autre ? Cependant, comme ces diverses coïncidences ne sont pas absolument impossibles, je ne ferais aucune difficulté de les admettre si les faits étaient établis par un contemporain digne de foi. Mais Durival, écrivant en 1778, n'indique pas plus que le Père Husson la source à laquelle il a puisé son explication, et cette omission s'oppose à ce qu'on puisse attacher à l'assertion de l'auteur le degré de croyance qu'on aurait pu lui attribuer s'il eût été contemporain.

Quant à Dom Calmet et à son copiste Lionnois, ils n'ont fait que reproduire Félibien en altérant les noms. Félibien ne dit nullement que le peintre champenois établi en Lorraine s'appelait Israël, mais il affirme que ce peintre était le père d'Israël Henriet. Or ce dernier était très-connu sous son nom de baptême, qu'on lit sur la plupart des pièces de Callot gravées à Nancy ainsi qu'à Paris, et Félibien qui l'a connu le désigne, tantôt par son nom, tantôt par son prénom, dans les quelques pages qu'il lui consacre (voy. t. III, p. 383, 385 et 387) ; mais il faut bien remarquer qu'il ne l'appelle jamais, comme le fait Dom Calmet, *Henriet Israël*. Disons d'ailleurs que Dom Calmet lui-même a reconnu son erreur, et qu'il l'a rectifiée dans les Additions (Col. 146) qu'on trouve quelquefois, mais rarement, à la suite du Supplément à la Bibliothèque lorraine (8).

Au surplus, toute incertitude doit cesser à la lecture des pièces authentiques conservées dans les archives des ducs de Lorraine. Depuis 1586 jusqu'en 1607, le peintre de Châlons y est constamment appelé Claude Henriet. On n'y lit pas une seule fois le nom d'Israël, ce qui prouve, contre l'opinion du Père Husson, que ce prénom n'appartenait pas à l'artiste champenois, et, contre l'opinion de Durival, qu'il n'y avait pas à la cour de Charles III deux peintres sur verre dont l'un s'appelait Israël.

Ce nom n'a même pas été adopté définitivement par le fils de Claude, ainsi qu'on peut s'en convaincre en examinant les documents contemporains d'Israël Henriet et émanant de lui-même. Ainsi, il a fait graver par Bosse, en 1635 et en 1636, les frontispices du Nouveau testament et des Petites misères de Callot, et on lit sur le titre de cette dernière suite qu'elle a été faite par *Jacques Callot,* et mise en lumière par *Israël Henriet.* De plus, ce dernier, qui a fait graver ou a peut-être gravé lui-même le titre du livre des Saints, publié par lui en 1636, y a reproduit son nom deux fois, dont une à côté de celui de Jacques Callot. Toujours il écrit *Israël Henriet* et non pas *Henriet Israël,* non-seulement sur ces titres, mais au bas de plusieurs pièces gravées par son neveu Israël Silvestre.

Ce qui a trompé Dom Calmet et ses copistes, c'est que sur le plus grand nombre des planches gravées par Callot, par Silvestre et par La Belle, on ne lit que le nom d'Israël. En conséquence, Dom Calmet considère ce nom comme appartenant à la famille de l'artiste sans s'apercevoir qu'il appelle lui-même Elisabeth *Henriet* la sœur de celui auquel il donne le nom d'*Israël*. Au lieu de chercher à rectifier le très-exact Félibien, le savant abbé de Senones aurait dû le lire avec soin et il aurait vu qu'après avoir parlé de Claude Henriet et d'Israël Henriet son fils, l'auteur des Entretiens sur la vie des peintres désigne souvent ce dernier sous son simple prénom ce qui ne prouve rien autre chose sinon que le fils était plus connu sous le prénom d'Israël que sous le nom d'Henriet. C'est là l'unique cause de la confusion qui dure encore de nos jours chez les biographes, les historiens et les amateurs. Du reste, il ne faut pas croire qu'Henriet avait répudié son nom de famille. On vient de voir que, jeune encore, il l'employait quelquefois. Il le reprenait surtout dans les occasions solennelles. Ainsi, quand il veut transmettre à la postérité le don que Callot lui avait fait d'une de ses planches, il dit : *Tabulam hanc æream proprio et exquisito marte incisam* Jacobus Calottus, *nobilis Lotharingus dono dedit* Israëli Henrichetto, *opus perfectissimum amicorum optimo et sincerissimo.* Si cette dernière inscription ne levait pas tous doutes, ils le seraient certainement par ce fait que, vers la fin de sa vie, le fils du peintre de Châlons a signé bien plus souvent de son nom de famille (précédé de son nom de baptême) les planches de son neveu Silvestre J'ai compté plus de trente de ces signatures dans les recueils de la bibliothèque publique de Nancy, et je n'ai jamais vu une seule inscription, contenant les deux noms, dans laquelle celui d'Israël aurait occupé la place du nom de famille.

Les témoignages contemporains de Bosse, de Félibien, et du fils même du peintre de Charles III, établissent donc sans réplique que le nom d'Israël a été un nom de baptême commun au fils et au petit-fils de Claude Henriet. Cette opinion a été adoptée par Basan (Dic. des graveurs) par Gersaint (Catalogue du cabinet de Quentin de Lorengère), par le Père Husson (notes de l'Eloge de Callot *passim*) par Bénard (Catalogue du cabinet de Paignon Dijonval). Elle est reproduite par l'auteur de l'article Henriet de la Biographie Michaud, et elle reçoit une nouvelle sanction par l'opinion de M. Regnault-Delalande qui, rédigeant en 1810, d'après des documents de famille, le Catalogue des tableaux et dessins de Jacques-Augustin de Silvestre, dit positivement que le premier peintre du duc de Lorraine s'appelait Claude Henriet et non Claude Israël. — Ces documents avaient été fournis à M. Regnault-Delalande par un des héritiers de notre artiste, M. le baron de Silvestre, mort à Paris en 1851.

Enfin le moindre doute n'est plus permis depuis les découvertes faites dans les comptes authentiques conservés aux archives de Lorraine, dans lesquels le peintre de Châlons est constamment désigné sous le nom de Claude Henriet, depuis 1587 jusqu'en 1607.

HENRIET (Israel).

Parmi les enfants de Claude Henriet, on distingue surtout celui auquel on donna le prénom d'Israël. Félibien, qui n'indique pas la date de sa naissance, se borne à dire qu'il reçut dans son enfance les premières leçons de dessin de son père avec Jacques Callot. Basan fait naître notre artiste en 1608. Selon Huber et Rost, il serait né vers 1607. Dom Calmet, Durival et Lionnois sont muets sur ce point.

L'année 1608 ne peut être celle de la naissance d'Israël Henriet puisque la quittance de 1607, citée dans la notice précédente, atteste que le payement a été fait aux *héritiers* de Claude Henriet, et que tout fait présumer que son décès eut lieu en 1603. La date de 1607 fournie par Huber et Rost, est tout aussi impossible. En effet, outre les fortes présomptions qui se réunissent pour la fixation du décès de Claude en 1603, on doit remarquer qu'il aurait eu environ 66 ans en 1607 et que des exemples de paternité à un âge aussi avancé sont excessivement rares. D'ailleurs, en admettant même que Claude soit mort en 1607, son fils a dû naître plusieurs années auparavant, puisqu'il est avéré, d'après le témoignage contemporain de Félibien, que Claude Henriet fut le premier maître de son fils.

S'il est certain qu'Israël Henriet est né avant 1607, il ne l'est pas moins que cette naissance ne saurait être antérieure à 1586, époque où son père s'est fixé en Lorraine, puisque tous les biographes s'accordent à dire qu'Israël, fils de Claude Henriet, est né à Nancy. Lionnois indique même qu'il reçut le jour dans une maison « de la construction de la ville, rue des Ponts, portant le n° 24, près du cheval de Bronze » (Voy. Histoire de Nancy, t. II, p. 592).

Cette indication nous servira à préciser autant que possible l'époque de la naissance d'Israël Henriet. En effet, on vient de voir que son père est venu à Nancy en 1586. Or il a dû batir, vers 1592, une maison sur l'emplacement qui lui avait été donné à cet effet par Charles III en 1591 dans la rue de l'Eglise (aujourd'hui rue des Carmes) (*). Si, comme l'affirme Lionnois d'après des documents qui paraissent positifs, Israël Henriet est né rue des Ponts, cette naissance remonte nécessairement à une époque antérieure à celle de la construction élevée rue de l'Eglise en 1592. Ainsi le fils du peintre de Châlons a dû venir au monde de 1586 à 1592. On peut, sans grave erreur, placer sa naissance vers 1590.

Israël Henriet avait contracté dans l'atelier de son père une liaison intime avec le jeune Callot (9). Cette amitié ne finit qu'avec la vie de l'illustre graveur. Compagnons de jeux et de travaux, les deux jeunes gens avaient l'un et l'autre un goût décidé pour le dessin.

(*) Archives de Lorraine, Rolles des places qui ont estées *(sic)* distribuées en la ville neuve de Nancy, 1591-1598.

Plus heureux que son ami, le jeune Henriet ne fut point contrarié dans ses inclinations. Peut-être du vivant de son père, mais plus vraisemblablement après sa mort, il partit pour l'Italie. Il étudia à Rome dans l'atelier de Tempesta où il apprit à peindre des batailles.

Il est extrêmement vraisemblable que le départ d'Israël Henriet et le désir de le rejoindre furent les principales causes de la fuite de Jacques Callot. Les deux jeunes Lorrains se revirent sans doute, mais pour bien peu de temps. Callot fut ramené à Nancy et Henriet resta à Rome où son ami put le rejoindre, lorsqu'il eut obtenu définitivement de ses parents la permission de suivre entièrement la carrière des arts. Tout fait supposer que les deux amis passèrent ensemble les plus belles et les meilleures années de l'adolescence. Leur séparation dut avoir lieu vers 1611 (10). A partir de cette époque, nous suivons pour ainsi dire pas à pas l'illustre Callot qui marquait ses années par ses chefs-d'œuvre. Il n'en est pas de même d'Israël Henriet. Dessinateur habile, bon graveur, mais sans talent remarquable pour la peinture, il ne put laisser aucune trace certaine de sa vie d'artiste pendant les dix années qui suivirent son retour en France. Nous le trouvons seulement à Paris, vers 1622, travaillant dans l'atelier de Duchesne, premier peintre de Marie de Médicis. Ce Duchesne était un artiste assez médiocre, mais bon connaisseur. D'ailleurs, peintre de cour, c'est-à-dire, très-jaloux de sa faveur, et, partant, peu disposé à encourager les talents nouveaux. On ne connaît rien de ses rapports avec notre artiste qui dut se rencontrer, dans l'atelier de son maître, avec les gloires de l'école française, Poussin et Philippe de Champagne (v. Dargenville , t. II, p. 181). Peut-être le jeune Henriet fit-il quelques travaux dans les appartements du Luxembourg dont son maître dirigeait alors les embellissements. Il n'est pas probable qu'on lui ait confié l'exécution des pièces importantes que Duchesne se réservait. Poussin et Philippe de Champagne, fort jeunes il est vrai, ne furent employés qu'à des ouvrages secondaires dans lesquels ils montrèrent cependant assez de talent pour que Duchesne, chargé de la direction des travaux, crût prudent de les éloigner.

Quoi qu'il en soit, il est certain que si Israël Henriet s'est livré à la peinture, son talent fut très-inférieur à celui de son père. Mais il dessinait merveilleusement à la plume et il se trouvait ainsi naturellement porté à graver dans le genre de Callot. Cette disposition l'engagea à imiter les productions de son illustre compatriote, et il abandonna la peinture pour la gravure à l'eau forte (11). Il y réussit assez bien et la pratique de cet art le perfectionna encore dans celui du dessin à la plume. Le roi Louis XIII en fut informé et fit venir le jeune Henriet qui lui enseigna son art. Quelques années plus tard, le roi, devenu assez habile, dessina lui-même, et peut être à Nancy, le portrait de Claude Deruet.

Ce fut le beau temps du jeune Lorrain. L'exemple du roi entraîna toute la cour. Chacun désira recevoir des

leçons de celui qui en donnait au souverain. Il fut de
bon ton de griffonner à la plume, et pendant quelques
années Henriet ne put suffire aux demandes de ses illustres élèves. Mais bientôt la mode changea, le roi voulut apprendre à peindre et quitta Henriet pour Simon
Vouet qui tenait alors le sceptre des arts en France. La
cour commença à se dégoûter du dessin, et le pauvre
maître délaissé fut obligé de chercher dans son commerce d'estampes des ressources qu'il ne trouvait plus
dans l'emploi de ses talents (12).

L'amitié de Callot fut pour lui une fortune. Les ouvrages de l'illustre graveur de Nancy opéraient alors
une véritable révolution dans l'art de la gravure à la
pointe. Israël Henriet pensa avec raison qu'il placerait
facilement chez ses anciens élèves, et à des prix élevés,
les ouvrages de son ami; aussi chercha-t-il à s'en attribuer le monopole. Ce fut pendant un séjour que Callot
fit à Paris pour graver les grands siéges de la Rochelle
et de l'île de Ré que fut passé un marché très-avantageux
pour Israël Henriet. Callot, qui le retrouvait toujours
avec le bonheur qu'on éprouve à revoir un ami d'enfance,
logeait chez lui au petit Bourbon. A cette époque, le commerce d'estampes d'Israël était déjà en pleine activité,
et les planches gravées par Callot pendant son séjour à
Paris en faisaient le meilleur fonds (*). Le grand artiste,

(*) Sauf cependant celles des grands siéges qui furent vendues
au médecin de Lorme, père de la fameuse Marion.

satisfait du débit de ses ouvrages, fit avec Henriet une convention d'après laquelle il s'engagea à lui envoyer de Nancy toutes les productions de son génie. Ce marché, dit Félibien, fut exécuté ponctuellement, « car toutes les planches que Callot fit depuis son retour à Nancy vinrent entre les mains de son ami, et comme après sa mort il s'en trouva deux qui n'avaient pas encore eu l'eau forte (*), Israël la leur fit donner par Collignon qui avait été le disciple de Callot. »

La mort de Callot avait augmenté le débit de ses ouvrages dont le succès allait croissant. Mais il fallait à Henriet des nouveautés pour piquer la curiosité des connaisseurs. Aussi s'empressa-t-il de rechercher les planches gravées par le Florentin Stefano della Bella, qui vint se fixer à Paris en 1640. Cet artiste, plus connu en France sous le nom de La Belle, céda un nombre considérable de ses planches à Henriet, qui y mit son nom. Israël faisait le commerce d'estampes en concurrence avec son compatriote Collignon, l'un des meilleurs élèves de Callot. Il publia pendant vingt ans les productions de son neveu Israël Silvestre qu'il jugea digne d'achever une planche commencée par Callot.

Ce fut Israël Henriet qui contribua le plus à dévelop-

(*) L'une de ces planches est la petite treille, et aussi, je crois, une des pièces de la suite non terminée du Nouveau Testament.

per en France le goût des collections. Dans le siècle précédent, et même au commencement du dix-septième
avant la publication des pièces de Callot et de La
Belle, on songeait peu à faire, comme on a dit depuis,
des cabinets d'estampes. Cette pensée vint, dit-on, pour
la première fois à Claude Maugis, aumônier de Louise
de Lorraine, femme d'Henri III. Maugis ramassa une
collection considérable et qui devint célèbre (13). Callot
dédia à cet amateur sa jolie petite suite de la vie de la
vierge ; Saint-Igny lui dédia également la suite qui
représente la noblesse française à l'église. Lestoile s'occupait aussi à ramasser les gravures historiques; il parle
souvent dans son Journal de ses découvertes en ce genre.
Ces exemples trouvèrent de nombreux imitateurs qui
s'attachèrent surtout aux ouvrages de Callot, de La Belle
et d'Israël Silvestre, dont le fonds d'Henriet était abon-
damment pourvu. Ce goût fut depuis poussé jusqu'à la
manie. Après avoir rassemblé des gravures vérita-
blement belles et dignes d'être conservées, on pour-
suivit avec ardeur celles qu'on aurait dû laisser dans
l'oubli, dans l'intérêt même de leurs auteurs. On cher-
cha surtout à faire des *œuvres complets*. On n'épargna
ni temps, ni soins, ni argent pour arriver à ce résultat
si désiré et pourtant si futile. Puis vint la fureur des
pièces rares tirées à petit nombre et « provenant d'Ita-
liens qui avaient peu travaillé » (*). Il paraît que ce

(*) La Bruyère.

travers était poussé bien loin du temps de **La Bruyère**
qui critique si finement ces prétendus connaisseurs dont
les collections semblaient « moins propres à être gar-
dées dans un cabinet qu'à tapisser un jour de fête le
Petit-Pont ou la rue Neuve » (14). Qu'eût dit l'immortel
auteur des Caractères s'il avait connu ce maniaque de
nos jours qui n'admettait dans sa collection que des
pièces de forme ronde et dont la dimension devait être
telle qu'il en tint juste cinq à chaque feuillet d'une
grandeur invariable, une à chaque coin et une au milieu !
La forme ovale était parfois tolérée, mais uniquement
comme pièce du milieu ; le feuillet figurait alors assez
bien la disposition d'un service d'entremets (*).

De pareils fous, dit avec raison **M. Bonardot**, auquel
nous empruntons cette anecdote, ne peuvent que faire
contraste avec ces iconophiles assidus et éclairés, occu-
pés sans cesse à former une chaîne précieuse qui relie
entre eux les souvenirs de l'art et de l'histoire (15).

A ce sujet, qu'il me soit permis de m'associer aux re-
grets plusieurs fois exprimés à l'égard de l'oubli dans
lequel on laisse nos artistes lorrains. Sauf Callot dont
on recherche avec ardeur les bonnes épreuves, et Claude
Gellée, ce peintre du soleil, dont les tableaux et les eaux
fortes se couvrent d'or, nos artistes lorrains sont peu
connus. Il en est beaucoup qui eurent de leur temps une

(*) Voy., pour plus de détails, l'Alliance des arts, 1847, p.
187.

très-grande réputation, mais dont les noms n'éveillent plus aujourd'hui aucune sympathie. Ce dédain est injuste. Aucune province n'a été aussi féconde que la Lorraine en artistes de tout genre (16). Pour ne parler que des peintres et des graveurs, j'en ai compté plus de soixante, tous morts avant le XIX° siècle, et il est certain que ma liste est loin d'être complète. Sans doute, ces artistes n'étaient pas tous des hommes de génie, mais tous ont occupé une place distinguée dans les trois siècles où ils ont vécu.

Me voici bien loin d'Israël Henriet dont il ne me reste plus à dire que quelques mots. On ignore s'il a été marié ; mais il est certain qu'il n'avait pas d'enfants vivants lors de sa mort arrivée en 1661.

Il laissa pour unique héritier son neveu Israël Silvestre qui exploita pendant quelques années le fonds de son oncle.

Félibien nous apprend qu'Israël Henriet eut un frère que Dom Calmet paraît avoir confondu avec Israël Silvestre son neveu (voy. Bib. lorraine, p. 551). Félibien, qui ne donne même pas le prénom de ce second fils de Claude Henriet, ne fait pas connaître s'il a suivi la carrière des arts. Tout fait présumer que, s'il l'a tenté, il n'a pas réussi et qu'il est mort avant son frère aîné.

Dans les deux notices qui précèdent, j'ai dû me borner à raconter la vie des deux artistes qui en sont l'objet, sans pouvoir porter un jugement sur leurs ouvrages, dont aucun n'est parvenu jusqu'à nous avec un cachet certain et authentique. Il n'en sera pas de même à l'égard d'Israël Silvestre, neveu d'Henriet et petit-fils de Claude, qui a été la gloire de cette famille. Son œuvre comme graveur et comme dessinateur est fort considérable. J'en indiquerai les suites principales et surtout celles qui se rapportent à la description topographique de la Lorraine.

SILVESTRE (Israel).

La famille Silvestre est originaire d'Ecosse ; son vrai nom est Silvester. C'est du moins ce qu'affirme le major d'Humbert dans l'Abrégé historique des progrés de la gravure, publié par lui à Berlin en 1752, p. 48. Un membre de cette famille vint s'établir en Lorraine au commencement du XVIe siècle. L'un de ses enfants alla se fixer en Bourgogne, où l'on a perdu sa trace. Dans les premiéres années du XVIIe siècle, un autre membre de la branche restée en Lorraine, et qui s'appelait Gilles Silvestre, épousa Elisabetb, fille de Claude Henriet et sœur d'Israël. Le beau-pére de Gilles Silvestre lui enseigna la peinture sur verre, art dans lequel il réussit assez bien. Toutefois, on ne connaît aucune de ses productions. De ce mariage naquit à Nancy, le 15 août 1621, Israël Silvestre, qui fut tenu sur les fonds baptismaux par son oncle maternel Israël Henriet.

Le jeune Silvestre manifesta de très-bonne heure de grandes dispositions pour le dessin et la gravure. Il fut envoyé à Paris prés de son oncle qui lui donna les premiéres leçons et lui fournit le moyen d'utiliser ses talents.

L'éléve surpassa bientôt le maître, même dans le dessin à la plume d'aprés nature. Ce genre était, comme on l'a vu, fort à la mode du temps de Louis XIII ; Silvestre y réussit merveilleusement. Il travaillait sans cesse et avec une rapidité prodigieuse. Quand il eut dessiné une très-grande quantité de vues représentant les environs de Paris et plusieurs monuments de cette capitale, il alla à Rome où il fit encore une multitude de dessins. Il ne paraît pas qu'il ait jamais peint. Il dut s'essayer de fort bonne heure à manier la pointe qu'il ne quitta presque plus jusqu'à sa mort. Silvestre n'a connu La Belle qu'à son retour de Rome vers 1642 (Voy. Gersaint, Catalogue de Quentin de Lorengère, p. 152). Si, comme le dit Félibien, Israël Henriet a jugé son neveu capable d'achever une planche commencée par Callot, mort en 1635, il en résulte que Silvestre a gravé de très-bonne heure et bien avant d'aller en Italie. Le jeune Lorrain visita plusieurs fois cette terre classique des arts. Au retour d'un de ces voyages, il s'arrêta à Lyon où il grava plusieurs monuments de cette ville et de ses environs. Fixé définitivement en France, il se lia intimement avec La Belle. Il acheva de se perfectionner sous la direction de cet habile maître, et fut reçu à l'Académie le 6 décembre 1670. Ses dessins, ses planches gravées, attirèrent l'attention de Louis XIV qui le chargea de dessiner et de graver tous les châteaux royaux et les places conquises sous son règne. Il fit encore pour le grand roi une multitude d'autres ouvrages (17). Ces travaux furent récompensés par le titre de dessinateur du roi avec une pension et un logement au Louvre (18). Lorsque le grand Dauphin, père du duc de Bourgogne, fut en âge d'apprendre à dessiner, Louis XIV choisit

Silvestre pour enseigner cet art à son fils (19). Ce fut vers la même époque que le peintre Le Brun, ami de l'artiste lorrain, fit son portrait qui a été gravé depuis par Gérard Edelinck. Silvestre ajouta au bas de la planche, dans un cartouche, une charmante vue de Paris gravée à l'eau forte.

Malgré ses succès comme artiste, Silvestre continua, plusieurs années après la mort de son oncle Henriet, le commerce d'estampes qui lui avait été légué par ce dernier. Il ajouta même à l'ancien fonds des planches de Callot, réunies par son oncle, toutes celles qui, après la mort du grand artiste lorrain, étaient restées entre les mains de sa veuve, et il y fit mettre son nom (Voy. Gersaint, Catal. de Quentin de Lorengère, p. 125).

Silvestre fit de fréquents voyages en Lorraine où il grava plusieurs vues en petites, moyennes et très-grandes dimensions. Outre les vues générales de Metz, de Toul, de Nancy, de Verdun, de Montmédy et de Marsal, on compte environ vingt-cinq vues particulières des portes de Nancy et des environs, gravées par Silvestre ou d'après ses dessins.

La facilité de notre artiste était prodigieuse et au moins égale à celle de Callot. Il lui est cependant resté fort inférieur. Quoiqu'il ait cherché à s'approprier la manière de ce maître et à imiter celle de La Belle, il a moins d'originalité que ces artistes. Bien que sa pointe soit souvent fort spirituelle et qu'il fût habile à donner l'eau forte, il n'est pas arrivé à des effets aussi surprenants que ceux auxquels ses modèles sont parvenus. On voit qu'il abuse parfois de son étonnante facilité. Quand il soigne davantage son travail, il approche de Callot. Sans doute il ne pourra jamais lui être comparé sous le rapport de l'invention, ni quant à l'étonnante faculté qu'avait l'auteur des Misères, des Supplices et des Foires de Florence, de peupler ses planches d'une multitude de petits personnages. Mais s'il est, en ce point, fort au-dessous de son maître, il est au moins son égal dans les paysages à la plume, et, dans les paysages gravés, il l'a surpassé. Nul n'a su mieux que Silvestre disposer l'ordonnance de ses sujets, observer les règles de la perspective, mettre en relief les objets principaux qu'il veut représenter, de manière à produire l'effet le plus pittoresque sans s'écarter de la fidélité. C'est le grand art du paysagiste. Malheureusement plusieurs pièces de Silvestre manquent de *ragoût*, les tons ne sont pas suffisamment fondus, et l'on y chercherait vainement les charmants effets qu'on remarque dans ses autres productions et surtout dans celles de ses prédécesseurs tels que Plate-Montagne et Morin.

Lorsqu'on examine l'œuvre de Silvestre, qui est considérable, on y reconnaît constamment le cachet de l'art français. Malgré ses fréquents voyages en Italie, Silvestre ne s'éloigne jamais de la manière de Callot et de La Belle, dont le génie ainsi que le style sont tout à fait français. Quoiqu'on lui reproche généralement d'avoir un peu trop servilement imité ses maîtres, ses ouvrages lui assignent certainement une place distinguée dans cette grande école des graveurs du grand siècle dont les chefs n'ont point été surpassés. Du reste, pour juger ce maître, il faut avoir sous les yeux des épreuves tirées de son vivant. Celles qui proviennent de planches fatiguées par un long tirage sont d'une dureté désespérante et ne donnent qu'une idée très-affaiblie du talent de ce grand artiste, dont la pointe est vive, légère et spirituelle dans les pièces de petite et de moyenne dimension. On y remarque, surtout dans les épreuves anciennes, des travaux à la pointe sèche qui sont d'une légèreté incomparable.

Indépendamment de leur mérite artistique, toutes les gravures de Silvestre ont celui de l'exactitude. Elles nous représentent une infinité de monuments, aujourd'hui détruits, ou sur lesquels le temps a laissé d'ineffaçables traces. Aussi méritent-elles, sous ce rapport, d'être fort recherchées.

Plusieurs artistes ont gravé d'après les dessins de Silvestre. On peut citer, entre autres, les Perelles, La Belle, Claude Goyran, et Albert Flamen.

Israël Silvestre avait épousé Henriette Selincart qui mourut à Paris le 1er septembre 1680, et non en 1650 comme le dit Dom Calmet dans sa Bibliothèque lorraine. Cet auteur n'a pas remarqué qu'au moyen de la date qu'il indique, Silvestre n'aurait eu que neuf ans lorsqu'il perdit sa femme qui lui avait donné trois enfants. Le Brun, qui avait déjà peint son ami Silvestre, voulut que son talent concourût à l'embellissement du monument d'Henriette. Son portrait, peint sur marbre, se voyait avant 1789 sur le mausolée qui lui avait été élevé dans l'église Saint-Germain-l'Auxerrois (20).

Israël Silvestre survécut onze années à sa femme et mourut à Paris le 11 octobre 1691, laissant la réputation d'un homme de bien et d'un artiste distingué. Le catalogue complet et détaillé de son œuvre n'existe nulle part (21).

POSTÉRITÉ D'ISRAEL SILVESTRE.

Première génération.

A la mort d'Israël Silvestre, il existait trois enfants issus de son mariage avec Henriette Selincart :

1° *Charles-François.* — La date de sa naissance est inconnue aux biographes. Toutefois, on peut la déterminer avec précision au moyen de son portrait gravé par Louis Desplaces d'après Jean Herault, son parent, qui le peignit, en 1710, à l'âge de quarante-trois ans. Il était donc né en 1667. Charles-François est désigné comme l'aîné des enfants de Silvestre dans le brevet du 16 décembre 1691, par lequel Louis XIV lui accorde la possession du logement occupé au Louvre par Jean Berain, qui obtint lui-même celui dont jouissait Israël Silvestre père de François (22). Cette faveur, est-il dit dans le brevet, « est accordée au *fils aîné* de feu Israël Silvestre, en considération de la capacité et expérience dudit François dans son art de dessinateur. » Il y excellait en effet, et il l'enseigna aux trois enfants du grand Dauphin, fils de Louis XIV, les ducs de Bourgogne, d'Anjou et de Berry (23).

L'aîné des Silvestre était passionné pour les arts; son cabinet au Louvre était magnifique; il en avait fait peindre le plafond par Bon de Boulogne (24). Il était lui-même assez bon peintre. Initié à cet art par son père; perfectionné par les leçons de Le Brun, de Joseph Parrocel, et surtout par de fortes études faites en Italie, il laissa plusieurs tableaux estimés et qui seraient plus connus si ses ouvrages, comme peintre, n'avaient été en quelque sorte éclipsés par ceux de son frère Louis. Il pratiqua aussi l'art de la gravure. On a de lui des pièces d'après ses propres compositions et aussi d'après celles de Louis Silvestre. Il a gravé avec quelque succès le paysage et les sujets historiques (25). La descente de croix qui se joint quelquefois à la grande passion de Callot et qu'on attribue souvent à Israël Silvestre, est de son fils, qui l'a signée C. F. Silvestre. Cette pièce a été gravée sur un dessin de Callot à la pierre noire qui s'est conservé dans la famille Silvestre jusqu'en 1810 (Voy. le Catalogue de Silvestre, par M. Regnault-Delalande, n° 254 des dessins).

Il est vraisemblable que Charles-François mourut en 1738. On a vu, en effet, que le logement qu'il occupait au Louvre lui avait été donné par un brevet en date de 1691. Or, dans un état général des bâtiments du Roi pour l'année 1775 (Manuscrit de la bibliothèque du Louvre) on voit qu'un Silvestre occupait le 4ᵉ logement des galeries en vertu d'un brevet du 2 mars 1738. Il est difficile de croire que ce Silvestre puisse être Charles-François, qui aurait eu 108 ans en 1775, et dont le brevet datait de 1691. Il est, au contraire, bien plus vraisemblable que le personnage désigné dans le brevet de 1738 est Jacques-Augustin (petit-fils de Charles-François) qui enseigna le dessin aux enfants de Louis XV et qui dut succéder à son grand-père dans le logement que celui-ci occupait au Louvre.

Charles-François fut anobli vers 1730 par Auguste III, roi de Pologne, en même temps que son frère Louis qui était directeur de l'Académie de Dresde, et dont il sera question ci-après.

2° *Alexandre*. — La date de sa naissance est inconnue. Toutefois, on peut la placer avec assez de vraisemblance entre 1667, année où naquit Charles-François, et 1675, époque de la naissance de Louis. Alexandre a gravé un certain nombre de pièces d'après les compositions de son frère Louis et d'après celles de plusieurs artistes. Il fut de tout point inférieur à ses frères.

Alexandre Silvestre était destiné par sa famille à l'état ecclésiastique. Ce fait est attesté par une traduction en vers latins de l'Imitation de Jésus-Christ, publiée à Paris chez Cl. Thiébaut en 1699, sur le titre de laquelle on lit : *Auctore Alex. Silvestre, clerico, Israelis filio.*

La qualité de *clericus*, prise par le jeune auteur, ne prouve pas qu'il fut alors irrévocablement engagé dans les ordres. Elle témoigne seulement de son inclination pour l'état ecclésiastique et de son goût pour les matières religieuses. Quoi qu'il en soit, il est certain qu'il grava plusieurs pièces dans la première moitié du dix-huitième siècle, postérieurement à la publication poétique de 1699.

3° *Louis*. — Le plus célèbre des trois fils d'Israël Silvestre naquit à Paris le 23 juin 1675. Il fut tenu sur les fonds baptismaux par le grand Dauphin, fils de Louis XIV (26). Comme son frère Charles-François, il reçut des leçons d'abord de son père et ensuite de Le Brun et de Bon de Boulogne. Ce fut aussi avec son frère qu'il fit le voyage d'Italie où de fortes et consciencieuses études achevèrent de perfectionner ses talents. Revenu en France, il y exécuta de nombreux ouvrages qui le placèrent dans un rang très-honorable parmi les artistes de son temps. Un de ses premiers tableaux, représentant la création du monde, lui ouvrit les portes de l'Académie le 24 mars 1702. Il fut nommé adjoint aux professeurs en janvier 1704, et professeur titulaire le 3 juillet 1706.

Il était parvenu à l'âge de 43 ans, et à l'apogée de son talent, lorsque le prince électoral de Saxe, depuis roi de Pologne, lui proposa, en 1718, de passer en Saxe au service de son frère. Silvestre accepta et devint, en 1727, directeur de l'Académie de peinture de Dresde. Il occupa cette charge pendant 24 ans et fut anobli par le roi Auguste III qui étendit cette faveur à Charles-François, son frère aîné. Ayant acquis une fortune considérable, il prit sa retraite et revint en France, laissant sa famille en Saxe. Peu de temps après, la guerre lui fit perdre tous ses biens. Quoique fort âgé lors de son retour à Paris Louis y fut honoré, le 29 juillet 1752, du titre de directeur de l'Académie de peinture qu'il conserva jusqu'à sa mort arrivée le 12 avril 1760.

Louis de Silvestre a cultivé tous les genres de peinture, mais il s'est particulièrement attaché à l'histoire. Mariette le juge un peu sévèrement, lorsqu'il dit que « Sa manière n'avait rien de neuf ni de trop piquant et qu'on ne voyait guères en lui qu'un bon disciple de Bon de Boulogne. » Un des mérites de Silvestre est d'avoir résisté, autant qu'il était en son pouvoir, au mauvais goût de ses contemporains. On a de lui plusieurs bons tableaux qui ont été gravés par des artistes distingués (27). Lui-même a gravé plusieurs paysages d'après ses propres compositions. Son portrait, fait par Maurice Quentin de Latour, est un des chefs-d'œuvre de ce maître.

Avant son établissement à Dresde, Louis de Silvestre avait épousé la fille de Nicolas Herault, premier peintre du duc d'Orléans. Elle était nièce de Charles Pœrson, peintre lorrain, et l'un des meilleurs élèves de Simon Vouet. Il naquit de ce mariage un fils qui succéda à son père en 1751 comme directeur de l'Académie de peinture de Dresde, où il s'établit pour ne plus revenir en France.

Louis de Silvestre eut aussi une fille qui peignait agréablement. Elle vint en France avec son père en 1749, et fut nommée lectrice de la princesse de Saxe, seconde femme du Dauphin, dont elle était connue et aimée depuis son enfance.

Quant à la postérité de Charles-François, elle s'est continuée en France jusqu'à nos jours, ainsi qu'on va l'établir ci-après.

Deuxième génération.

Nicolas-Charles, fils de *Charles-François de Sil-vestre*. — Cet artiste est né à Paris en 1698. Il se maria très-jeune avec Charlotte-Susanne Lebas, et passa presque toute sa vie à la cour. Il donna des leçons de dessin à Louis XV et au Dauphin, son fils, père de Louis XVI. Il avait toute la confiance de son royal élève, auquel il était parvenu à inspirer le goût des estampes et des dessins.

Mariette, qui l'a connu, et dont il était souvent le compétiteur, dit que « Sa soif, par rapport aux objets d'art, était insatiable et aurait trop souvent épuisé sa bourse, sans les libéralités du Dauphin. Quand il était à quelque vente (et il les suivait toutes), rien n'était capable de l'arrêter lorsqu'il trouvait quelque chose à son goût. » Il laissa un fort beau cabinet, encore augmenté par son fils, et qui existait encore en 1810.

Mariette ajoute : « Il était fait pour être un graveur.

Ce qu'il nous a donné dans ce genre fait regretter qu'il n'ait pas manié plus souvent la pointe. La sienne était fort spirituelle. » On a de lui des pièces d'après Lemoine, Oudry et Dumont le Romain, ses contemporains. Il était assez bon peintre et fut reçu membre de l'Académie de peinture, le 30 décembre 1747. Il fut pendant toute sa vie maître à dessiner des princes et des pages de la grande écurie. Il mourut le 30 avril 1767, au village de Valenton, dans la maison d'une demoiselle de ses amies où, suivant sa coutume, il avait fait de grandes dépenses. Il avait environ 69 ans.

Il occupa, comme son père, un logement aux Galeries du Louvre, ainsi qu'on peut s'en convaincre par l'inscription placée au bas de plusieurs pièces gravées par lui.

Susanne. — Tout porte à croire que cette artiste remarquable est fille de Charles-François de Silvestre et sœur de Nicolas-Charles. Il est certain qu'elle ne peut être la fille de Louis, car ce dernier naquit en 1675 et Susanne en 1694. Il est probable qu'Alexandre n'a jamais été marié, tandis qu'on ne peut douter du mariage de Charles-François, qui fut le père de Nicolas-Charles.

Les biographes ne fournissent aucun détail sur Susanne, qui ne nous est connue que par ses ouvrages. Elle a révélé elle-même l'année de sa naissance par une de ses estampes, le beau portrait de Jean Snellinck, d'après Van-Dick. Ce portrait est daté de 1710, et cette date est précédée de cette mention : *Susanna Silvestre, sculp. ÆTATIS suæ 16.* Elle était donc née en 1694, lorsque François avait 27 ans. Il y a dès lors toute vraisemblance qu'il est le père de Susanne bien plutôt que ses frères Alexandre et Louis, beaucoup plus jeunes que lui. L'extrême précocité de Susanne concorde d'ailleurs avec celle de Nicolas-Charles qui, dans l'hypothèse indiquée, serait son frère aîné.

Il ne paraît pas que Susanne ait peint ; mais elle a gravé un assez grand nombre de pièces, dont plusieurs portraits de grandeur naturelle (28). Quelques-unes de ces pièces sont signées Susanne Silvestre, femme Lemoine. On ne sait si ce nom peut se rapporter à l'un des artistes contemporains qui l'ont porté et ont tous été membres de l'Académie.

Troisième génération.

Jacques-Augustin, fils de *Nicolas-Charles de Silvestre* et de Charlotte-Susanne Lebas, naquit, suivant M. Regnault-Delalande, le 1er août 1719. Il fut le dernier de sa famille qui suivit la carrière des arts. Doué d'une extrême facilité, il fit en peu de temps de si rapides progrès que, dès l'âge de 14 ans, son père le jugea en état de donner des leçons de dessin. Il n'avait pas vingt ans qu'il était déjà professeur en titre des enfants et petits-enfants de Louis XV et pourvu d'un logement au Louvre en vertu d'un brevet du 2 mars 1738.

Lorsque l'éducation des princes fut achevée, le jeune de Silvestre alla en Italie. Il demeura trois années à Rome occupé à dessiner les chefs-d'œuvre qui décorent cette capitale des beaux-arts.

Malgré une grande facilité pour le dessin et beaucoup de goût dans le jugement des œuvres artistiques, il ne paraît pas que Jacques-Augustin ait jamais fait aucun tableau qui mérite d'être cité. Une longue maladie l'obligea de suivre pendant vingt-deux ans un régime presqu'exclusivement lacté et de renoncer à la peinture. Il resta dessinateur habile et grand connaisseur. Le riche cabinet dont il avait hérité de ses pères, et qu'il avait lui-même considérablement augmenté, était sa seule jouissance. On y remarquait plusieurs bons tableaux de toutes les écoles, et surtout une quantité presque innombrable de dessins et de gravures. Parmi ces dessins il s'en trouvait plusieurs de Callot. L'œuvre gravé de ce maître était composé des meilleures épreuves. M. de Silvestre mourut en 1809 et sa magnifique collection fut dispersée en 1811, après la vente qui fut faite sur le Catalogue rédigé par M. Regnault-Delalande.

Quatrième et cinquième générations.

Jacques-Augustin de Silvestre laissa un fils (*Augustin-François*), né à Versailles le 7 décembre 1762 et qui est mort le 4 août 1851. Comme ses ancêtres, il fut destiné aux fonctions de maître à dessiner des enfants de France.

Toutefois, et bien qu'il eût dans sa jeunesse cultivé les arts en Italie, il abandonna ses études artistiques et fut attaché, en 1782, au comte de Provence, en qualité de lecteur et de bibliothécaire. Il resta l'ami de ce prince qui lui rendit ses fonctions en 1815 et lui conféra le titre de baron. Dans l'intervalle qui s'était écoulé entre le départ de Monsieur et sa rentrée en France, M. de Silvestre, tout en conservant un goût prononcé pour les arts, avait surtout cultivé les sciences naturelles. Il fut en outre un biographe fécond et ses nombreux travaux lui ouvrirent, en 1806, les portes de l'Institut (Académie des sciences) ainsi que celles de beaucoup d'autres sociétés savantes. M. le baron de Silvestre a été jusqu'à sa mort membre correspondant de l'Académie de Nancy.

Je ne terminerai pas cette notice sans indiquer que M. le baron de Silvestre laisse, dans la personne de son fils, un digne héritier des vertus de ses ancêtres.

On voit que si le commencement du dix-neuvième siècle a vu s'éteindre la génération des artistes qui ont illustré le nom de Silvestre, ce nom a été depuis et est encore honorablement porté. Il n'entre pas dans mon sujet de m'étendre davantage sur des personnages encore vivants et qui n'ont pas suivi la carrière des arts. J'ai seulement voulu constater que le nom du célèbre artiste lorrain s'est perpétué, en ligne directe, jusqu'à nos jours (29).

NOTES.

(1) Félibien et dom Calmet placent en 1596 l'arrivée de Claude Henriet en Lorraine. C'est évidemment une erreur, car on trouve dans les comptes du trésorier général, déposés aux archives du département de la Meurthe, la mention suivante à la date de 1586 : « Payé à Claude de Chaâlons peinctre à son Altesse la somme de deux cent-vingts escus sol à raison de quatre francs neuf gros pièces, revenant à mille quarante cinq francs, monnoye des pays, pour plusieurs peinctures qu'il a faictes de l'ordonnance de son Altesse et pour son service..... » Ce payement est le premier qui ait été fait à Claude Henriet. Il est donc évident que cet artiste a dû s'établir à Nancy vers 1586, ou un peu auparavant, et non en 1596, date erronée reproduite par tous les historiens.

Je dois cette note, ainsi que toutes celles qui se rapportent à Claude Henriet, à l'obligeante communication de M. Lepage, archiviste du département de la Meurthe, qui non seulement a mis à ma disposition les relevés faits par lui dans les comptes du trésorier général, mais encore a bien voulu me diriger dans les recherches que j'ai faites avec lui dans le précieux dépôt confié à sa garde.

(2) Les pièces déposées aux archives des ducs de Lorraine ne distinguent pas entre les peintures sur verre et les tableaux exécutés par notre artiste. Ainsi, on trouve à la date de 1590 la mention suivante dans les comptes du trésorier général : « A Claude

Henryet, peinctre à son Altesse la somme de quarante trois escus
sol, vallans deux cent quatre francs trois gros du pays, pour par-
tyes par lui faictes et fournies au service de son Altesse durant
l'année de ce compte..... » — Une autre mention de la même année est plus explicite et témoigne que l'artiste champenois a travaillé pour le marquis de Pont, fils de Charles III, et successeur
de son père, sous le nom d'Henri II : « A Claude Henriet peinctre à son Altesse la somme de cent soixante et unze francs, monnoye du pays, pour pourtraictz de princes qu'il a faict et fourni
pour le service de Monseigneur le marquis. » Il est évident que
ces portraits étaient à l'huile et qu'ils n'étaient pas destinés à
l'ornement d'un édifice religieux. Il est dès lors hors de doute
que Claude Henriet a exécuté en Lorraine d'autres travaux que des
peintures sur verre.

Dans les comptes de l'année 1587 on lit : « A Claude Henriet,
peintre de son Altesse, cent quatorze francs pour six cartes pein-
tes de la description des duchés, terres et seigneuries de son Altesse. »

Outre la pension dont il jouissait, Claude Henriet reçut de
Charles III, en 1591, une place à bâtir « dans la rue de l'Eglise
commençant à la grande place, dite à présent de la Licorne. »

En 1600 Claude Henriet travaillait avec Rémond Constant et
Moyse Bougault, peintres de Nancy, à « rabiller les peinctures
effacées de la galerie des cerfs » au palais ducal. (Voyez la notice de M. Lepage sur la galerie des cerfs, insérée dans les
Bulletins d'Archéologie Lorraine, t. 1er, p. 113.)

(3) Les comptes du trésorier général mentionnent le payement
de la pension de Claude Henriet (200 fr.), jusqu'en 1603. A
partir de cette époque on ne rencontre plus aucune trace de payement fait à cet artiste, ce qui fait très-vraisemblablement suppo-

ser qu'il a dû mourir en 1603 ou 1604. En tout cas il était certainement mort avant 1607, puisqu'on trouve dans les comptes
tenus par le trésorier de François, comte de Vaudémont, qu'il était
dû à Henriet une somme qui a été touchée par ses héritiers en
1607, avec indication que cette somme était payée pour « une
peincture faicte par feu Me Claude Henriet en juillet 1603, pour
le compte de Monseigneur. » A l'aide de cette mention, on peut
avec la plus grande vraisemblance, fixer en 1603 la mort de l'artiste de Châlons. Autrement on ne s'expliquerait pas comment il
n'aurait pas touché lui-même ce qui lui était dû en 1604. Le payement fait aux héritiers en 1607, rapproché de l'absence de payement de la pension à partir de 1604, me paraît une preuve suf-
fisante du décès vers la fin de 1603, ou au commencement de
1604.

(4) On pourrait supposer que le tombeau de Claude Henriet
a été détruit le 5 mai 1751, époque à laquelle la chute d'une
partie du couvent des Cordeliers endommagea le monument de
Callot ; mais cette hypothèse est inadmissible. En effet, Durival
dit formellement dans sa préface que l'impression de son Mémoire
sur la Lorraine a commencé au mois d'octobre 1752, et à la page
80 du même Mémoire, il s'exprime ainsi : « Le tombeau de Claude
Israël est *dans l'église des Cordeliers, près de la porte de la Chapelle appelée la Rotonde :* celui du célèbre Jacques Callot, *dans
le cloître.* Ce dernier monument auquel on a été obligé de tou-
cher, en travaillant aux réparations du cloître en 1751, n'a été
replacé qu'avec une partie de ses ornements. » Ce passage prouve
que le monument de Claude Henriet, bien qu'endommagé peut-
être, lors de la chute d'une partie du cloître, a subsisté, de même
que celui de Callot, après cet événement ; mais le silence de Durival, dans sa dernière édition, fait présumer que le tom-

beau d'Henriet a disparu par suite de réparations faites dans l'église postérieurement à 1752.

Cette présomption est confirmée par plusieurs rapprochements dont nous allons rendre compte. Dans les additions à la Bibliothèque lorraine , Dom Calmet parle du tombeau d'Israël Henriet comme n'existant plus à l'époque de l'impression. « Claude Henriet, dit-il , fut enterré dans le cloître des Cordeliers de Nancy, *où se voyait sa tombe*. (Voir ci-après, note 8.) Ces additions sont sans date, mais postérieures à 1751 , époque de l'impression du volume auquel elles se joignent, postérieures même à 1752, puisque Durival indique comme existant à cette époque le tombeau dont les additions annoncent la destruction. Or, Dom Fangé mentionne ces additions dans la vie de Dom Calmet, publiée en 1762, il en résulte donc nécessairement que la destruction de la tombe a eu lieu entre 1752 et 1762 ; mais plus probablement à une époque voisine de la première de ces dates , et lors des réparations qui ont été faites dans l'église même.

(5) Voici la notice que Dom Calmet consacre au fils du peintre de Châlons qu'il appelle Israël : « Israël (Henriet) fameux graveur Lorrain du XVIIe siècle, était de Nancy. Mais son père , *Claude Israël*, était de Châalons, en Champagne , et assez bon peintre : c'est lui qui avait peint les vitres de la cathédrale de Châalons avant son incendie, et qu'on estimait beaucoup, tant pour le dessin que pour le bel apprêt des couleurs. On voit à Paris de ses ouvrages. En 1596 , étant alors âgé de 45 ans , il fut appelé au service du grand duc Charles, qui, par les bons traitements qu'il lui fit, l'engagea à s'établir à Nancy, où il est mort, et enterré aux Cordeliers, dans le même cloître où Callot a eu sa sépulture.

« Il laissa deux fils, dont l'un était *Sylvestre Israël*, qui apprit de lui les commencements du dessin avec Jacques Callot, Bellange et de Ruet. »

Claude Henriet a eu effectivement deux fils, mais on ignore quelle fut la destinée du second, que Dom Calmet appelle Sylvestre Is-raël. En tout cas, ce ne peut être Israël Silvestre, qui naquit à Nancy en 1621 d'Elizabeth Henriet et de Gilles Silvestre, plus de 18 ans après la mort de son oncle Claude Henriet. — Voyez ci-après note 8.

(6) « Le duc Charles III, fit venir vers ce temps là (1592), en Lorraine, *Claude Israël*, habile peintre Champenois, dont le principal talent était de peindre sur le verre, qui était le goût du temps: mais connu dans le pays dès le règne de René d'Anjou. Plusieurs peintres saisirent cette manière, et Gilles Sylvestre, déjà âgé, voulut l'apprendre et y réussit. Il avait épousé Elisabeth Henriet, fille de *Claude Henriet*, qui peignait aussi sur verre pour Charles III. » (Durival, t. 2, p. 51.)

(7) « Claude de Ruet, prit, disent les historiens, des leçons de dessin avec Jacques Callot, Israël fils et Bellange, sous *Claude-Israël Henriet* père, que le grand duc Charles III avait fait venir en Lorraine de Châlons en Champagne » (notes sur l'Eloge de Callot).

(8) Ces additions sont si peu connues que tous les écrivains qui ont copié ou consulté Dom Calmet, tels que Lionnois, Durival, le Père Husson, etc, ont reproduit l'erreur sans mentionner la rectification. Voici le passage rectificatif :

Additions. Col. 146.

« Dans l'article d'Israël Henriet, graveur, on s'est trompé dans les noms propres et de bapthème ; le nom de famille èst Henriet, il faut lire Henriet (Israël), fils de Claude Henriet, de Châlons en Champagne, enterré *dans le cloître* des Cordeliers de Nancy, *où se voyait sa tombe.* (Ce passage est en opposition avec celui de Durival, V. ci-dessus note 4; mais ce dernier parle *de visu*).

» Claude Henriet eut deux enfants : 1° Israël Henriet, graveur ;
2° Elisabeth Henriet, qui épousa Gillès Sylvestre, et fut mère
d'Israël Sylvestre, dont on a donné l'article. »

(9) Le Père Husson (notes sur l'Eloge de Callot, p. 55) paraît
contester que Claude Henriet ait été le maître de Callot. « Les historiens, dit-il, qui rapportent ce fait, seraient peut-être bien em-
barrassés de le prouver. » Ce reproche qui s'adresse à Dom Calmet
n'est pas mérité. L'auteur de la Bibliothèque Lorraine aurait pu
répondre que la preuve du fait par lui allégué se trouve dans les
Entretiens sur la vie des peintres, t. 3, p. 383. On y lit : « Il
(Claude Henriet) laissa deux fils, dont l'un était Israël, qui apprit
de lui les commencements du dessin avec Jacques Callot, Bellange
et Deruet. » Cette preuve est la meilleure de toutes, puisque Félibien, connu par sa véracité, était contemporain d'Israël Henriet,
et qu'il a pu recueillir ce détail de sa propre bouche. Disons ,
aussi, que les Entretiens sur la vie des peintres sont la source
commune à laquelle ont puisé les biographes de Callot antérieurs
au Père Husson, qui, d'ailleurs, admet lui-même, p. 59 et 68 de
ses notes, le fait qu'il conteste à la p. 55. Du reste, Israël Henriet, Callot et Deruet étaient à peu près du même âge. Il n'y a
donc rien d'étonnant à ce qu'ils aient reçu ensemble les premières
leçons de dessin de Claude Henriet. Quant à Bellange, que le Père
Husson fait naître à tort en 1594, il était plus âgé que ses jeunes
camarades. Il a succédé en 1603 à son maître, Claude Henriet,
comme peintre de Charles III, et nous le voyons en 1606 occupé
à « repeindre à l'huile vingt carreaux de la chasse du cerf peincts
contre les murailles, de part et d'autre de la galerie des cerfs. »
(M. Lepage, Notice sur la galerie des cerfs, insérée dans les Bulletins d'Archéologie lorraine, p. 113 et 114.)

(10) Callot s'est échappé deux fois de Nancy pour aller en Italie.

Sa première fuite eut lieu en 1604, avec des Bohémiens, qui le conduisirent jusqu'à Florence. Ce fut là qu'il prit quelques leçons de Canta-Gallina. Mais le désir de rejoindre Henriet le poussait vers Rome, où il dut arriver vers 1605. La même année il fut ramené à Nancy par des marchands lorrains. Il s'échappa encore en 1606, mais il ne put dépasser Turin, où il fut rencontré par son frère aîné et ramené de nouveau dans la maison paternelle. Il y resta environ deux ans, et nous le retrouvons à Rome en 1609, avec l'assentiment de ses parents, dans l'atelier de Philippe Thomassin. Il y resta jusqu'en 1611, époque à laquelle il vint s'établir à Florence, pour y suivre les leçons du célèbre Jules Parigii. Toutes ces dates concordent avec les renseignements fournis par Félibien et Baldinucci.

En 1611, Callot avait environ 19 ans, et Henriet était un peu plus âgé. Ce dernier voulut revoir la France. Ce fut cette séparation, bien plus que la jalousie de Philippe Thomassin, qui engagea Callot à partir pour Florence où il commença son immense réputation.

(11) Tous les biographes d'Israël Henriet disent qu'il a gravé à l'eau forte. Le fait me paraît incontestable. Cependant, il me serait impossible de désigner une seule pièce comme pouvant lui être attribuée avec certitude. Les biographes modernes lui donnent la suite de l'enfant prodigue qui appartient incontestablement à Callot. Dans les catalogues les plus riches on ne voit figurer aucune pièce de notre artiste, pas même dans celui de M. de Silvestre, qui hérita d'une partie des dessins de son aïeul. Le catalogue de Paignon Dijonval indique bien (n° 7126) un petit porte-dieu accompagné d'anges, pièce en hauteur (d'après Séb. le Clerc), avec la mention *Henriet Sc.* et le renvoi au n° 320 du Catalogue de Jombert ; mais l'indication est fausse, et ces deux

6

lignes contiennent deux erreurs. — D'abord il n'y a pas de petit porte-dieu gravé par, ou d'après Sébastien le Clerc. Il s'agit d'un passe-partout gravé d'après les dessins de Séb. le Clerc, pour la petite pièce de Callot. — Ensuite, si l'on se reporte dans le Catalogue de Jombert, au renvoi indiqué, on voit qu'au lieu d'Henriet, nom qui se trouve imprimé dans le Catalogue Paignon-Dijouval, il faut lire Hérisset.

Israël Silvestre, neveu d'Israël Henriet a dû graver d'après les dessins de son oncle. L'un et l'autre étant très-connus sous leur prénom d'Israël, la confusion a été facile. C'est ce qui fait que, dans le commerce d'estampes, on attribue quelquefois à Henriet des pièces portant cette mention : *Israël ex.*, laquelle prouve seulement que ces pièces ont été tirées par Henriet, mais elles sont le plus souvent de Callot, de La Belle ou de Silvestre.

(12) Il est probable qu'Israël Henriet faisait le commerce d'estampes avant et pendant qu'il donnait des leçons au roi. Presque tous les grands artistes du XVIIe siècle étaient éditeurs de gravures et vendaient eux-mêmes non seulement leurs œuvres, mais celles des autres artistes. On peut citer notamment Mauperché, Morin, les Audrans et bien d'autres.

(13) La plus grande partie de cette collection a été achetée, moyennant mille louis, par l'abbé de Marolles. Considéralement augmentée depuis par le nouveau possesseur, elle a formé le premier noyau de l'incomparable cabinet du roi, où l'on peut encore admirer aujourd'hui les magnifiques et presqu'innombrables estampes rassemblées par l'infatigable abbé de Villeloin.

(14) Voici le passage entier de La Bruyère dont cette phrase est extraite : « Voulez-vous, dit Democède, voir mes estampes ? et bientôt il les étale et vous les montre. Vous en reconnaîtrez une qui n'est ni noire, ni nette, ni bien dessinée, et d'ailleurs moins

propre à être gardée dans un cabinet qu'à tapisser un jour de fête le petit-pont ou la rue Neuve : il convient qu'elle est mal gravée, plus mal dessinée ; mais il assure qu'elle provient d'un Italien qui a travaillé peu, qu'elle n'a presque pas été tirée, que c'est la seule qui soit en France de ce dessin, qu'il l'a achetée très-cher, et qu'il ne la changerait pas pour ce qu'il a de meilleur. J'ai , continue-t-il, une sensible affliction , et qui m'obligera à renoncer aux estampes pour le reste de mes jours : j'ai tout Callot, hormis une seule qui n'est pas, à la vérité de ses bons ouvrages, au contraire, c'est un des moindres, mais qui m'achèverait Callot, je travaille depuis vingt ans à recouvrer cette estampe, et je désespère enfin d'y réussir : cela est bien rude ! »

(15) Indépendamment de l'utilité des recueils d'estampes qui est évidente, au point de vue historique, un charme particulier s'attache à la formation de ces collections. Voici comment s'exprime à cet égard dans une page charmante et peu connue, M. de Blois, vieil amateur, mort au commencement du XVIIIe siècle : « La vieillesse a souvent certains défauts, compagnons incommodes à soi et aux autres. Elle est ordinairement mêlée d'infirmités qui font que nous sommes abandonnés d'un chacun. Tout fuit et nous restons seuls vis-à-vis de nous-mêmes. Quels avantages n'ai-je pas tiré dans ma vieillesse des ressources que me fournit mon cabinet ? L'ancienne possession de mes curiosités m'a acquis le titre de connaisseur ; un curieux novice vient me consulter ; un autre inquiet d'un nouvel achat qu'il vient de faire veut jouter contre moi sur la beauté d'une épreuve ; celui-ci vient pour s'éclaircir de la certitude d'un morceau dont il est en doute. Je me trouve ainsi toujours occupé. Si par hasard je suis seul et mélancolique, j'appelle à mon secours un portefeuille, la variété des sujets et la beauté du travail dissipent mon ennui.

» Outre les agréments que nous procurent les estampes, quel profit n'en tirons-nous pas! Elles nous représentent les choses absentes comme si elles étaient devant nos yeux ; elles nous rapprochent les pays les plus éloignés, et nous les rendent aussi familiers que le nôtre ; elles nous rendent contemporains les plus grands hommes des siècles antérieurs, avec lesquels elles nous font vivre, pour ainsi dire, par leur ressemblance qu'elles tracent à nos yeux.

» Rien n'est plus propre à nous former le goût que les estampes ; elles nous donnent une teinture des beaux arts ; elles nous aident à parvenir à la connaissance des tableaux. Quand on veut les examiner avec attention, elles nous font facilement découvrir les manières propres à chaque école et à chaque maître ; elles nous procurent pour ainsi dire la possession d'un nombre infini de morceaux de peinture impossibles à acquérir. »

(16) Voici en quels termes M. de Chennevières-Pointel rend justice, dans un ouvrage récent, à nos artistes Lorrains : « Peu de pays ont été doués d'un génie des arts aussi vrai et aussi fécond que la Lorraine. La France s'énorgueillit depuis longtemps des noms illustres dont cette belle province a enrichi sa couronne ; mais, en réalité, quand la charmante pléïade des artistes Lorrains se produisit et se développa, ce fut sous l'influence des ducs de la cour de Nancy, ils n'eurent rien à emprunter de leur caprice, de leur finesse ou de leur gaîté à la vraie France d'alors, qui, dans l'attente du Poussin, débrouillait, avec Fréminet et Simon Vouet, les instincts encore confus de sa grave école. Et ces Lorrains, peintres, sculpteurs, graveurs, architectes, sont innombrables, et, seulement pour les énumérer, plusieurs pages seraient nécessaires... »

(Recherches sur la vie et les ouvrages de quelques peintres provinciaux de l'ancienne France, par M. Ph. de Chennevières-Pointel, in-8°, 1850, t. 2, p. 267.)

(17) Entre autres ouvrages commandés par la cour, Silvestre fut chargé de perpétuer le souvenir des fêtes de 1664. Ces fêtes, pour lesquelles Molière fit la Princesse d'Elide, avaient été imaginées par Gaspard Vigarani, gentilhomme Modenais fixé à Paris. Leur relation a été imprimée en 1673, à l'imprimerie royale, format in-folio, avec le texte de la princesse d'Elide, sous le titre suivant :

Les plaisirs de l'Isle enchantée, courses de bagues... comédie meslée de danse et de musique et autres festes galantes données à Versailles le 7 mai 1664.

(18) Voici la copie du brevet original, du 10 mai 1675, par lequel le roi accorde à Israël Silvestre un logement au Louvre :

Aujourd'hui dixiesme du mois de may mil six cens soixante quinze, le roy estant à St Germain en laye, sçachant l'experience que *Israël Silvestre* , dessignateur et graueur en eaüe forte s'est acquise dans cette profession par diuerses veües au naturel de toutes les maisons royalles qu'il a ornees de petites figures maniere de Callot et qu'il a donnees au Public qui le font juger digne de loger auec les autres artisans de reputation dans la galerie de son chasteau du Louure destinée à cet effet; *Sa majesté* declare veut et entend qu'il soit logé presentement dans l'appartement qu'occupoit en cette galerie le S. *Valdor* pour par luy en joüir aux honneurs, autoritez et droits y appartenans tels et semblables qu'en joüissent tous les autres ouuriers demeurans dans la d. galerie, *mande* et ordonne *Sa Majesté* au S. *Colbert* Surintendant et ordonnateur gnal de ses Bâtimens, arts et manufactures de France de faire joüir le d. *Silvestre* pleinement et paisiblement du contenu au pnt breuet qu'Elle a pour assurance de sa volonté signé de sa main, et fait contresigner par moy Coner en ses Conels Secre d'Estat et de ses commandemts et finances. Signé *Louis* et plus bas *Colbert.* — Collationné à l'original en parchemin. — (Extrait des Archives de l'art français.)

(19) Ce fut aussi un artiste d'origine lorraine (Sébastien le Clerc), qui enseigna le dessin au duc de Bourgogne. C'est pour lui que Séb. le Clerc fit sa jolie estampe connue sous le nom de *Puer Parvulus*, où le prince est représenté en berger.

(20) Henriette Selincart a été représentée par Le Brun dans l'attitude d'une femme mourante. Dom Calmet dit qu'elle avait 36 ans lorsqu'elle mourut. Il ajoute que le portrait de la défunte ne se trouve pas sur le monument. C'est une erreur ; la femme peinte par Le Brun est précisément celle de Silvestre. Durival ne s'y est pas trompé (Voyez Description de la Lorraine, t. 2, p. 51), mais il a omis de rapporter l'épitaphe qui accompagnait le portrait de Le Brun. La voici :

HIC JACET

QUÆ JACERE NUMQUAM DEBUERAT, SI MORS

JUVENTUTI, PULCHRITUDINI, URBANITATI

PIETATI, CÆTERISQUE

DOTIBUS PARCERET

HENRICA SELINCART

AB OMNIBUS VIVENS AMATA, DEPLORATA

MORTUA. OBIIT PRIMA SEPT. 1680

ÆTATIS SUÆ 36.

NOBILIS (*) ISRAEL SILVESTRE

REGIS ET SERENISSIMI DELPHINI

DELINEATOR, TAM PRÆCLARÆ CONJUJIS

CONJUX INFELIX, HOC AMORIS, DOLORISQUE

SUI MONUMENTUM MOERENS POSUIT.

(*) Cette qualification ferait supposer que Silvestre aurait reçu de Louis xiv des lettres de noblesse. Cependant ce fait n'est attesté par aucun historien. Ce qui donnerait à penser qu'il n'est pas exact, c'est, d'une part, que Silvestre faisait le commerce, et d'autre part, que son fils aîné et son fils le plus jeune ont été anoblis par Auguste III, roi de Pologne.

(21) Huber et Rost ont donné l'indication des principales suites ou pièces qui composent l'œuvre d'Israël Silvestre. Voici le catalogue dressé par ces auteurs auquel nous avons ajouté quelques détails sur les pièces relatives à la Lorraine (*) :

1. Les quatre saisons représentées par des figures mythologiques dans des cartouches en ovale, 4 petites pièces.

2. Vues d'Italie et de France, représentant des édifices, des

---

(*) La description d'Huber et Rost parait avoir été faite sur un exemplaire de premier tirage et assez bien classé. Cependant il a dû se glisser dans ce classement beaucoup d'erreurs résultant de ce que la plupart des pièces formant suite, ne sont pas chiffrées, que les titres sont souvent identiques, et que des vues du même pays se trouvent faire partie de plusieurs séries différentes. En outre, lorsque les planches ont passé entre les mains d'un nouvel éditeur, celles qui composaient les suites formées par l'éditeur précédent ont été souvent réunies ou divisées, de telle sorte que le nombre des morceaux compris sous le même titre varie suivant l'époque du tirage.

Quant aux différents états de chacune de ces suites, il serait fort difficile, et surtout fort long, de les indiquer en détail et avec précision. Disons seulement que les premières épreuves se reconnaissent à ce double caractère, que toutes les pièces de la même suite sont tirées sur un même papier fin, sans qu'aucune d'elles porte d'autre nom que celui de l'artiste, ou de son oncle Israël Henriet qui les débitait. Après la mort de celui-ci, son neveu ne fit subir aucun changement aux inscriptions des planches ; il en fut de même à l'égard des suites qui ont pu se trouver en la possession de Charles-François Silvestre et de son frère Alexandre. C'est peut-être ce qui explique comment des suites entières sont arrivées jusqu'à nous sans aucun changement dans l'adresse des éditeurs.

Du reste, il est certain qu'après la mort d'Israël Silvestre, et peut-être même de son vivant, les planches gravées par lui ont été dispersées entre un grand nombre d'éditeurs. Les premiers en date sont Van-Mer-

ruines et des paysages avec des inscriptions en français (21 *petites pièces fort jolies*).

len, Leblond et Gantrel. Les pièces qui portent encore l'un ou l'autre de ces noms, remplacé plus tard, sont d'un tirage assez satisfaisant quoiqu'elles n'approchent pas de celles qui ont été tirées avant l'inscription de la nouvelle adresse. Cela se remarque surtout dans les suites portant ou ayant porté le nom d'Israël Henriet, et qui ne sont arrivées entre les mains du second éditeur, qu'après un long tirage. C'est ce qui explique comment des planches, sur lesquelles on n'a effectué aucun changement d'adresse, donnent des épreuves si différentes lorsqu'on en opère le rapprochement, alors que les seconds tirages ne diffèrent pas sensiblement des premiers par la consistance et le grain du papier.

Mais quand on arrive aux tirages faits par Vander Bruggen, Mariette, Daumont, Langlois, Gallays et Laurent Cars, les planches ne fournissent plus en général que des épreuves complétement dépourvues d'effet ; les travaux légers et surtout ceux qui ont été exécutés à la pointe sèche s'y devinent plutôt qu'ils ne s'y aperçoivent. Ces épreuves ne peuvent donner aucune idée du talent du maître.

Après cela, il ne faut pas oublier qu'il y a un grand nombre de planches sur lesquelles les adresses n'ont jamais été changées. Aussi, rencontre-t-on des épreuves fort défectueuses de planches portant, soit le nom d'Israël Henriet, soit celui de Van Merlen ou de Leblond. A part l'usure de la planche qui est.très-apparente, les anciennes épreuves ne se reconnaissent guère qu'à la finesse du papier.

En résumé, et sauf quelques exceptions, les différentes épreuves de l'œuvre d'Israël Silvestre peuvent se rapporter à trois états principaux des planches.

I. On ne lit sur le titre, ni sur aucune pièce de la suite, d'autre nom que celui d'Israël Henriet ou d'Israël Silvestre, le papier est fin, les lointains sont bien distincts, les travaux très-légers et ceux à la pointe sèche sont très-apparents.

II. Le nom d'Israël Henriet a été effacé ou conservé, mais on lit sur

3. Recueil de vues de plusieurs édifices, tant de Rome que des environs, faites par Israël Silvestre, et mises en lumière par Israël Henriet, avec des légendes en français, 13 petites pièces en travers, titre compris. — Les premières épreuves sont avant les adresses et les numéros (*très-rares*).

4. Diverses vues d'Italie et de France, ornées de fabriques et de figurines, sans légendes (12 *jolies petites pièces en travers*).

5. Diverses vues de France et d'Italie, ornées de même avec des légendes, les unes en italien, les autres en français (12 *jolies petites pièces*).

6. *Alcune vedute dei giardini e fontane di Roma e di Tivoli, disignate et intagliate per Israël Silvestre,* 1646, avec des légendes en italien, 12 petites pièces en travers, numérotées (*très-belle suite*). — Suivant Mariette, rien n'indique que les planches aient été gravées en Italie plutôt qu'à Paris.

7. Trois vues de Rome, petites pièces en travers. — La vue du village de Fléville se trouve quelquefois jointe à ces trois pièces (*V. infrà* p. 58).

8. Diverses vues d'Italie, ornées de fabriques et de figurines,

le titre ou sur quelques pièces l'*excudit* de Van Merlen, de Leblond ou de Gantrel. Les pièces qui ne portent pas cette mention (et c'est la majorité) ne peuvent se distinguer de celles du premier état que par un ton moins fin et une plus grande difficulté à apercevoir les travaux légers.

III. Les noms des éditeurs précédents ont été remplacés par ceux de Mariette, Vander Bruggen, P. Drevet, Daumont, Gallays, Langlois, Laurent Cars et autres éditeurs du xviiie siècle. Le papier est en général plus fort que dans les deux premiers états, les épreuves sont dures, blanchâtres, faibles, sans lointains apparents et complétement dépourvues d'effet.

avec des indications en italien, 11 petites pièces en travers, dont quelques-unes sont attribuées à La Belle.

9. Divers paysages et sites de France, mis en lumière par Israël, et dédiées à Louis de Clévent , marquis d'Humières. Ces paysages sont ornés de fabriques et de jolies figurines, 18 pièces moyennes en travers.

10. Divers paysages *faits sur le naturel par Israël Silvestre*, de différents endroits de France, 7 pièces pet. in-4° en travers.

11. Diverses vues du royaume de Naples, avec des indications en français, 4 pièces in-4° en forme de frises.

12. Divers paysages sur le naturel *de la duché de Bourgogne, par Israël Silvestre*, avec des légendes en français, 12 pièces, petites et moyennes, carrées et en travers (*).

13. Livre de diverses vues de France, de Rome et de Florence, par Israël Silvestre, avec des légendes en français, 10 pièces moyennes, en travers.

14. Livre de divers paysages de France et d'Italie, faits par Israël Silvestre, avec des légendes en français, 12 pièces petit in-4° en travers (*jolie suite, très-rare avant les légendes et les numéros*).

15. Diverses vues de ports de mer d'Italie et d'autres lieux, ornées d'édifices et de figurines avec des légendes en français, 24 pièces en rond (*jolie suite*).

16. Diverses vues de ports de mer de Naples et de ses environs, faites par Israël Silvestre, 1648 (6 *jolies pièces en rond*).

(*) Huber et Rost indiquent que cette suite est composée de 12 pièces seulement. On en compte 13 dans l'exemplaire de la bibliothèque de Nancy qui est de troisième état, avec l'adresse de Vander-Bruggen sur le titre et sur la pièce représentant l'abbaye de Saint-Michel, de Tonnerre.

17. Les lieux les plus remarquables de Paris et des environs, faits par Israël Silvestre, avec une dédicace à Louis de Buade, seigneur de Frontenac, etc. Au dessous de chaque sujet quatre vers explicatifs. — Plusieurs morceaux de cette belle suite, qui se compose de 12 pièces moyennes en travers, ont été gravés par La Belle (*).

18. Diverses vues des plus beaux édifices de Rome et d'autres lieux d'Italie, dont quatre de Venise, avec des légendes en italien , 12 pièces in-4°, numérotées (*belle suite*).

19. Autre suite de diverses vues des plus beaux édifices de Rome et d'autres lieux d'Italie, dont le pont de Rialto à Venise, avec des légendes en français, 12 pièces in-4°, numérotées (*belle suite*).

20. Diverses vues du château et des bâtiments de Fontaine-belle-Eau (*sic*), par Israël Silvestre, avec des légendes en français, suite de 10 pièces pet. in-4°, en travers (**).

21. Vues et perspectives de la chapelle et maison de Sorbonne, dont l'ordonnateur fut le cardinal de Richelieu et l'architecte Jacques Lemercier, ensemble plusieurs beaux châteaux en divers endroits du royaume, 12 pièces pet. in-fol. avec des légendes.

(*) Sur les épreuves provenant du tirage de Vander Bruggen, le nom de cet éditeur se lit au bas du titre et de plusieurs pièces de la suite.

(**) Cette suite se trouve en 14 pièces dans le Recueil de la bibliothèque de Nancy, mais d'un tirage du xviii° siècle, sans que, toutefois, on y voie figurer le nom du nouvel éditeur. — Il existe à la même bibliothèque une autre suite incomplète dont les pièces sont plus grandes que celles ci-dessus, et dont le titre, gravé par Perelle, ainsi que trois pièces de la suite, porte : Diverses vues et perspectives des fontaines et jardins de Fontaine-bel-Eau (*sic*) et autres lieux.

22. Vues et perspectives du palais d'Orléans ou du Luxembourg, ainsi que plusieurs autres maisons et jardins des environs de Paris, avec des légendes, 12 pièces moyennes en travers. — La première formant titre de la suite dédiée au duc d'Orléans porte la date de 1649. — La vue et perspective du parterre est gravée par Perelle.

23. Vues et perspectives nouvelles, tirées sur les plus beaux lieux de Paris et des environs, avec des légendes. — Suite de douze pièces de moyenne dimension, en travers, numérotées, avec un frontispice gravé par Claude Goyrand, et daté de 1645. — L'Eglise de Sainte-Sophie, de Constantinople, fait partie de cette suite.

24. Vues de différents lieux et monuments, tant de Rome que d'autres villes d'Italie, avec des légendes en français et en italien, suite de 18 pièces moyennes en travers.

25. Profils de quelques villes, telles que Lorette, Paris, Saint-Denis et de l'acqueduc d'Arcueil; cette dernière pièce, gravée par Cl. Goyrand; 5 pièces moyennes en travers. On lit au bas des vers de Scuderi.

26. Diverses vues de Rome et de ses environs, savoir : l'église Saint-Pierre ; le jardin de Montalto ; le palais et jardin de Ludovise ; le pont de Lomentane près de Rome ; Sainte-Agnès hors des murs, une antiquité de Constantin ; six pièces moyennes en travers, plus le titre.

27. Les églises des stations de Rome. — Outre le titre gravé, cette belle suite contient les dix pièces suivantes, en travers, et de moyenne dimension :

1° Saint Pierre ;

2° Saint Paul ;

3° Sainte Croix de Jérusalem ;

4° Saint Jean de Latran ;

5° Sainte Marie Majeure ;

6° Saint Sébastien, sur la voie Appienne :

7° Saint Laurent, hors des murs ;

8° Santa Maria del Popolo ;

9° L'Annonciade ;

10° Saint Paul des trois fontaines (*).

28. Vues et perspectives du Palais Cardinal du côté du jardin : vues du Louvre, des Tuileries de différentes faces, ainsi que des autres lieux les plus curieux des environs de Paris, par Israël Silvestre, avec des légendes, 12 pièces moyennes en travers.

29. Livre de diverses vues et paysages faits sur le naturel, par Israël Silvestre, avec les indications des différents châteaux et maisons de plaisance, suite de 10 pièces moyennes en travers (**).

(*) On connaît trois états bien distincts de cette suite : Dans le premier, chaque pièce accompagnée de légendes, en latin et en français, porte de petits numéros placés à droite, au bas de la marge, sauf la première pièce, servant de titre, laquelle est sans numéro ; les épreuves tirées sur papier fin sont les seules bonnes ; il y en a dans lesquelles on ne voit dans la marge d'autre inscription que la signature d'Israël Silvestre.

Le second état se distingue du premier en ce que les numéros sont plus gros, placés plus haut et dans un ordre différent ; dans cet état la suite contient douze pièces.

Enfin, le troisième état diffère des précédents en ce que les inscriptions en latin et en français ont été remplacées par d'autres légendes en français seulement et en lettres italiques (Note communiquée par M. Prosper de Baudicour). — En cet état plusieurs pièces sont retouchées.

(**) La bibliothèque de Nancy possède une suite de 27 pièces réunies

30. Livre de diverses vues et paysages faits sur le naturel et dédié au roi, par Israël Silvestre, avec les indications de différents châteaux et édifices de France. Suite de 12 pièces moyennes en travers, dont la première représente la place de la Victoire.

31. Livre de diverses perspectives de vues de châteaux et de jardins, faites sur le naturel et mises en lumière, par Israël, en 1651. Suite de 12 pièces moyennes en travers, dont une représente la ville de Richelieu, en Poitou, et trois autres donnent des aspects différents du château.

32. Vue perspective du jardin de Snemont, *Israël Silvestre ad vivum del. fecit et excudit*, grande pièce en travers.

33. Vue du palais Mazarin avec les jardins et les édifices qui l'avoisinent sur le mont Quirinal. *Israël Silvestre incidit*, grande pièce en travers.

sous ce titre : *Livre de diverses paisages foicts sur le naturelle par Israël Silvestre* avec l'adresse de Vander Bruggen au bas du titre et des vues du moulin de Tanlay et du château du même nom. Nous ignorons si une partie des pièces comprises sous le n° 29 a été réunie par le nouvel éditeur sous le titre qui vient d'être rapporté. — La même observation s'applique à une autre suite de 20 pièces portant le nom du même éditeur, avec le titre suivant : *Diuers paisages faicts sur le naturel par Israël Silvestre*. Ces deux suites sont charmantes en belles épreuves ; mais il est difficile d'en avoir une idée lorsqu'elles portent les noms des éditeurs du xviii° siècle.

Il ne faut pas confondre ces deux suites avec celles qu'on aurait artificiellement réunies sous un titre d'une jolie exécution représentant un arc-de-triomphe, et au bas duquel on lit : Livre de diverses perspectives et paisages faict sur le naturel. Par Israël Siluestre... 1651. Ce titre nous paraît avoir été gravé pour réunir à volonté en corps d'ouvrage un certain nombre de pièces de Silvestre.

34. Vue perspective de la ville de Rome , avec une indication chiffrée des principaux édifices et sites de sa dépendance , très-grande pièce en deux morceaux.

35. Vue de Rome, avec une partie de la ville en perspective, et le profil de l'église de Saint-Pierre. *Silvestre fecit , excudit Parisiis.* Au bas, 20 vers de Scuderi, grande pièce en travers.

36. Vue perspective de Rome prise à l'opposite, avec ses édifices et ses ruines, et une explication chiffrée des différents objets, très-grande pièce en longueur.

37. Vue perspective de Paris prise du pont des Tuileries, avec des renvois chiffrés des principaux édifices, grande pièce en travers.

38. Deux grandes vues perspectives des villes de La Charité et de Nevers, avec des indications en latin et en français. *De Lincler del., Is. Silvestre sculp.* Longues frises.

39. Vue perspective du Colisée, gravée en 1653. Grande pièce en travers (*belle et très-rare*).

40. Vue perspective de Lyon prise du chemin neuf de la maison de M. Pion. Grande pièce en travers (*belle et aussi rare que la précédente*).

41. Vue perspective de Sedan, très-grande pièce.

42. Vues et plans de Versailles, gravés par Israël Silvestre, en 1664, suite de 17 grandes pièces.

43. Les plaisirs de l'isle enchantée, course de bague, collation.... comédie meslée de danse et de musique (la Princesse d'Elide de Molière) et autres festes galantes et magnifiques données à Versailles le 7 mai 1664. Paris, 1673, in-fol. — Parmi les figures qui décorent cet ouvrage, neuf sont d'Israël Silvestre.

Aux suites indiquées par Huber et Rost il convient d'ajouter :

Diverses vues de Lyon, dessinées et gravées par Israël Silvestre, suite de 22 pet. pièces carrées et en travers, avec des légendes.

Diverses petites vues de Liencourt, dessinées et gravées par Israël Silvestre, 1655, suite de 17 petites pièces, dont 15 représentent, sous divers aspects, le château et les jardins de Liencourt en Picardie, et deux l'hôtel du même nom à Paris.

Différentes veües fontaines, cascades canaux etc. du Chasteau et des Jardins, Parterres de Liencourt... (en Picardie) 1656. — Ces titres désignent une suite de 16 pièces moyennes et petites. — Les tirages du xviiie siècle ont conservé, sans aucune addition les noms et l'adresse d'Israël Henriet.

La ville de Frejus... (avec) les vestiges de l'Amphiteatre... comme aussi le magnifique Acqueduc qui se voit hors de la ville ; longue frise en deux feuilles d'après de Lincler.

Veue de la maison de Saint-Ouen. — J. Silvestre, *delineavit ad vivum parisiis*, 1672, grande pièce en travers, avec un grand nombre de figures, dans le genre de Callot. Elle est dédiée à Joachim de Seigliere, seigneur de Boiffrant et de Saint-Ouen.

Vues du château et des jardins de Ruel, 13 pièces, y compris le titre, suite dédiée à la duchesse d'Aiguillon, et dont huit pièces ont été gravées par Perelle. On connait deux états de cette suite :

I. Avec l'adresse d'Israël Silvestre sur le titre et la date de 1661.

II. L'adresse d'Israël Silvestre a été effacée et remplacée par celle de Van Merlen ; la date a disparu.

Outre les suites et pièces signalées ci-dessus, Silvestre a gravé un grand nombre de planches, parmi lesquelles on remarque celles qui font partie du Recueil connu sous le nom de Cabinet du roi, gravé par Silvestre, conjointement avec Picart le Romain, Lemoine, Berain, Lepautre, Edelinck, Audran, Masson et autres. Les Plaisirs de l'isle enchantée et toutes les autres pièces gravées pour le roi font partie de cette collection, dont les planches se conservent à la calcographie du Louvre.

PIÈCES D'ISRAEL SILVESTRE.

Représentant des vues prises en Lorraine (*).

Vues de Nancy et des environs, par Israël Silvestre, natif de la même ville, 12 pièces en travers avec des légendes.

Cette suite est ainsi composée :

1o *Profil de Nancy* (le cartouche, soutenu par des amours sur lequel ces mots sont écrits, est dessiné et gravé par La Belle) ;

2o Porte Notre-Dame, appelée à présent porte de la Citadelle ;

3o Porte Saint-Louis (cette porte était auprès de la salle de l'O-péra ; elle fut bâtie en 1637, par Louis xiii, et démolie en 1661) ;

4o Porte Saint-Georges (en dehors) ;

5o Porte Saint-Georges (en dedans) ;

6o Porte Saint-Nicolas ;

7o Eglises des capucins et des jésuites ;

8o Marais où Charles de Bourgogne a été tué ;

9o Porte Saint-Jean ;

10o Chapelle des Bourguignons (**).

11o Village du Montayt (Montet) ;

12o Eglise de Saint-Nicolas.

(*) On ne trouve dans Huber et Rost qu'une description incomplète et quelquefois inexacte des pièces d'Israël Silvestre qui se rapportent à la Lorraine.

(**) Albert Flamen a gravé, d'après Israël Silvestre, une suite de quatre paysages, dont le premier est la vue de Nostre Dame de Bourgongne près Nancy. Cette pièce diffère de celle qui représente la Chapelle des Bourguignons dans la suite gravée par Silvestre. (Voyez M. Robert-Dumesnil, t. V, p. 226.)

Ces deux dernières pièces ont été gravées par Perelle, sur les dessins d'Israël Silvestre. M. Villiez, graveur amateur à Nancy, a fait en 1772 une jolie copie de la vue de l'église de Saint-Nicolas.

Plusieurs planches de cette suite ont été retouchées dans la seconde moitié du dix-huitième siècle.

Vue d'une porte de Rozières, où se fait le sel, proche Nancy. — Cette pièce et les deux suivantes portent l'*excudit* de Leblond sur toutes les épreuves que nous avons rencontrées.

Vue du paysage de Tomblaine, proche Nancy. — C'est par erreur qu'on a quelquefois indiqué cette pièce comme gravée par Collignon ; elle est réellement de Silvestre. Les épreuves tirées après que le nom de Leblond a été effacé sont mauvaises.

Vue d'une partie de l'église de Saint-Nicolas en Lorraine. — Cette pièce est différente de celle qui a été gravée par Perelle ; elle est aussi moins commune, surtout en belles épreuves. Celles sur lesquelles on lit le nom de Gallays à la place de celui de Leblond sont mauvaises.

Vue et perspective du château de Fléville, proche Nancy, appartenant à M. de Beauvau.

Vue du village de Fléville, proche de Nancy.

Vue de Marzeuille (Malzéville), proche Nancy (pièce gravée par Perelle sur le dessin de Silvestre). — On rencontre ordinairement cette pièce avec l'adresse de P. Mariette, et le n° 12.

Vue du Crosne, du pont de Marseuille (Malzéville), proche de Nancy (jolie pièce en rond). — On trouve ordinairement cette pièce avec le nom de Leblond.

Vue proche Nancy (en rond). — Cette pièce, destinée à faire le pendant de la précédente, ne représente aucun point de vue des environs de Nancy, à moins qu'on ne veuille y reconnaître, en partie, la terrasse du palais ducal. On y voit des vaisseaux de haut bord entrant à pleines voiles dans un port de mer.

Vue du village de Bainville, proche de la ville de Nancy.

Vue du château de Marimont, du côté du jardin. — Pièce datée de 1673.

Nota. Dom Calmet (Bib. lorraine), indique que, parmi les paysages que Silvestre a gravés d'après Callot, on trouve plusieurs vues des environs de Nancy, mais cette indication paraît erronée.

On connaît encore deux paysages en travers, sur l'un desquels on lit au milieu du haut : *Veue d'un des environs de Nancy.* Ces deux pièces sont gravées dans le genre de Silvestre, mais on ne peut affirmer qu'elles soient de lui, car elles ne portent aucun nom. L'exécution en est d'ailleurs médiocre, et il est impossible de reconnaître la localité que l'artiste a voulu représenter.

Vue perspective de Nancy, grande pièce en travers et en deux feuilles. — Les épreuves du XVIIIe siècle ont été tirées sur une seule feuille.

Vue et perspective de la ville de Metz, grande pièce en travers et en deux feuilles, gravée en 1667.

Profil de la ville de Toul, en Lorraine, grande pièce en travers.

Vue et perspective de la ville et citadelle de Verdun, grande pièce en deux feuilles et en travers datée de 1669.

Profil de la ville et forteresse de Marsal, grande pièce en travers, et en deux feuilles.

Vue et perspective de Montmédy, grande pièce en deux feuilles et en travers, datée de 1669.

Vue du château de Jametz, grande pièce en travers.

Vue perspective de Stenay, grande pièce en travers et en deux feuilles.

Mariette indique en outre, dans ses notes manuscrites, les deux pièces suivantes, gravées d'après les dessins de Silvestre par Fr. Noblesse, son élève :

Vue de la *citadelle* de Metz ;

Vue d'un village de Lorraine.

PIÈCES D'ISRAEL SILVESTRE

Qu'on joint ordinairement à l'œuvre de Callot.

Suite de onze pièces, sans titre, représentant diverses attitudes et habillements de femmes de la bourgeoisie, au commencement du XVIIe siècle. Sur quatre de ces pièces on lit au bas, à gauche, *J. Callot, in Fi*. Mais il est certain qu'elles n'ont pas été gravées par Callot. On peut seulement conjecturer que les quatre morceaux portant le nom de Callot ont été gravés par I. Silvestre, sur des dessins exécutés à Florence, par Callot. C'est dans cette suite qu'on trouve un portrait qu'on dit être celui de la femme de Callot, avec la fille de celle-ci. Gersaint ne met pas en doute que la suite entière ait été gravée par I. Silvestre, d'après Callot (Voyez Catalogue de Quentin de Lorengère, p. 81).

Suite de seize pièces moyennes en largeur, représentant divers sujets de soldats et autres sujets comiques, gravés d'après Callot, par Silvestre (Gersaint, Cat. Lorengère, p. 80).

Deux pièces, en hauteur, de moyenne dimension, dont l'une représente une espèce de Turc ayant les mains derrière le dos, et l'autre un Suisse, tenant des gants dans sa main droite ; elles sont gravées d'après Callot, par Silvestre (Gersaint, Cat. Lorengère, p. 80).

Vue du Campo-Vaccino, pièce moyenne en largeur, qui se joint aux vues de Florence, d'après Callot. Cette pièce n'est pas gravée sur le dessin de Callot. Suivant quelques connaisseurs, elle serait

d'après La Belle; mais elle est très-certainement gravée par Silvestre (Gersaint, Catalogue Lorengère, p. 86).

Dans la pièce de Callot, qu'on appelle communément le Marché
d'esclaves, le fonds qui représente une vue de Paris est de Silvestre. On connaît des épreuves de cette pièce avant le fond et
aussi avant que les personnages du devant soient entièrement ter-
minés. C'est probablement à ce morceau que Felibien fait allusion
lorsqu'il dit qu'Israël Henriet fit terminer par son neveu, Silvestre,
une pièce restée inachevée à la mort de Callot. Bien que les
épreuves terminées portent Callot F., à Paris, 1629, il est clair
que le travail de Silvestre n'a eu lieu que plusieurs années après,
puisqu'il avait à peine neuf ans en 1629.

**OBSERVATION SUR LES DIFFÉRENTES MANIÈRES DE GRAVER
ADOPTÉES PAR ISRAEL SILVESTRE.**

On lit dans les notes manuscrites de Mariette, t. VIII, f° 194 :
« Plus M. Silvestre a avancé en âge, plus il a gravé large. Ses
premiers ouvrages se reconnaissent à ce qu'ils sont gravés extrêmement fin. Je ne connais rien de lui gravé plus fin que la vue de
Rome et celle de Lorette, d'après Lincler, en 1642, ni en même
temps rien de plus soigné. C'est le caractère des productions des
jeunes gens; l'honneur les anime, ils ne cherchent alors qu'à bien
faire, sans se mettre en peine du temps qu'ils y emploient. Silvestre
était d'ailleurs né, dit-on, paresseux ; il ne lui fallait pas moins
que le feu brillant de la jeunesse pour le soutenir. »

(22) Voici le texte de ce brevet, tel qu'il est imprimé dans les
Archives de l'art français :

*Aujourd'huy seize décembre mil six cens quatre vingt unze, Le
Roy estant a Versailles ayant gratifié Jean Berrain du logement*

sous la grande galerie du Louure qu'occupoit feu *Israël Siluestre* , et celuy que le d. *Berrain* auoit cy deuant obtenu de Sa Majesté se trouuant vaquant par ce moyen, elle a bien voulu en gratifier *François Siluestre* aisné du d. feu *Siluestre* dessinateur en considération de sa capacité et experience dans son art, et a cet effet Sa Majesté luy a accordé et fait don du d. Logement occupé par le d. *Berrain*, voulant qu'il en jouisse aux mesmes honneurs priuileges et exemptions dont jouissent les autres artisans qui sont logés sous la d. galerie tant qu'il plaira a *Sa Majesté*, laquelle *mande* au sieur Marquis de *Villacerf* surintendant et ordonnateur general de ses bastimens de mettre le d. *Siluestre* en possession et jouissance du d. logement et a l'en faire joüir conformement au present breuet que Sa Majesté a signé de Sa Main et fait contresigner par moy con^{er} et secretaire d'estat et de ses commandemens et finances signé *Louis*, et plus bas *Phelipeaux.* et a costé est escrit —

Vu par nous Con^{er} du Roy en ses con^{ls} Surintendant et ordonnateur gnal des bastimens, jardins, arts et manufactures de Sa Majesté le present breuet pour joüir de l'effet d'iceluy par le d. *Siluestre* suiuant l'intention de sa d. M^{te}. fait a Versailles le 21 Decembre 1691. signé *Colbert de Villacerf.*

(23) Au moment de livrer ce travail à l'impression nous recevons le Catalogue de la collection des tableaux, dessins et gravures d'un des descendants des Silvestre, mort le 4 août 1851. Ce catalogue rédigé par M. Defer, contient une notice dans laquelle on lit ce qui suit : « Les enfants de M. de Silvestre sont encore aujourd'hui possesseurs des cahiers de dessins à la plume des trois jeunes princes. On y suit pour ainsi dire, jour par jour, leurs progrès. Ils conservent surtout pieusement deux dessins faits avec un soin particulier par le duc de Bourgogne et le duc d'Anjou, pour leur

maître, C.-F. Silvestre ; ces dessins portent dates et signatures authentiques. »

(24) Voici en quels termes un contemporain parle de ce cabinet: « Silvestre, dessinateur, qui a montré à dessiner à Messeigneurs les princes ; — il a (au Louvre) un cabinet orné d'un plafond peint par Boulogne, et plusieurs excellents tableaux. » (Description nouvelle de ce qu'il y a de plus remarquable dans la ville de Paris, par M. B. (Brice); Paris, 1713.

(25) M. Prosper de Baudicour possède dans son admirable collection des maîtres français plusieurs pièces de Charles-François de Silvestre, et notamment : Le sacrifice d'Abraham, la résurrection de Jésus-Christ, Promethée, Medée, etc. C'est aussi dans la collection de M. de Baudicour que se trouve le portrait gravé par Desplaces, qui fixe la naissance de notre artiste, en 1667.

(26) Ce fait est constaté par une vue du château de Meudon, peinte et gravée en 1700, et dédiée à Monseigneur (fils aîné de Louis XIV), par Louis Silvestre, *son filleul*. Cette pièce se trouve dans la collection de M. de Baudicour, qui possède en outre plusieurs paysages composés et gravés par Louis de Silvestre.

Quant à la date précise de la naissance, elle est fixée par les notes de Mariette, desquels il résulte que « Louis de Silvestre est mort le 12 avril 1760, à 84 ans, 9 mois et 20 jours, étant né le 23 juin 1675. »

Voici quelques détails intéressants sur Silvestre, que Mariette a consignés dans ses notes manuscrites sur l'*Abecedario pittorico* d'Orlandi, au moment même de la mort de Louis de Silvestre :

« Pendant tout le temps que Louis Silvestre demeura à la cour d'Auguste III, il se fit estimer autant par ses talents que par la douceur de ses mœurs et la noblesse de ses sentiments. Il se fit des amis distingués. Le grand nombre d'ouvrages qui occupèrent son pinceau, les libéralités de ses maîtres lui firent faire une fortune considérable ; et, lorsqu'il se vit en état de vivre sans le secours de son travail, il demanda sa retraite, et l'ayant obtenue, il revint en France, résolu de finir ses jours dans la tranquillité que semblait lui promettre sa situation. Il n'envisageait pas les malheurs de cette guerre que le roi de Prusse devait bientôt porter à la Saxe et qui le dépouillerait de tout son bien. Ce malheur lui arriva, et, coup sur coup, il vit fondre chez lui une famille désolée qui venait lui demander la subsistance. Sans les bontés du roi, sans les faveurs de madame la Dauphine ils mouraient tous de faim. Quel sujet de chagrin pour quelqu'un qui n'avait jamais songé aux revers pendant une très-longue vie. Au milieu de ses afflictions, il demeurait tranquille et ne semblait pas, en apparence, avoir rien perdu de la gaîté qui l'avait toujours soutenu dans toutes ses actions ; mais le cœur n'en était pas moins ulcéré, et il ne faut pas chercher d'autre cause de sa mort (Mariette oublie qu'il avait 84 ans). Il était, depuis 1752, à la tête de l'Académie de peinture en qualité de Directeur, et tout le monde convient qu'il ne sera pas aisé de le remplacer. Il avait le caractère liant et était l'ennemi de toutes sortes d'intrigues, qualités qui étaient tout à fait propres à lui concilier les esprits. Quant à l'art, ce n'était pas un peintre sans mérite, mais sa manière n'avait rien de neuf ni de trop piquant. On ne voyait guères en lui qu'un bon disciple de Bon de Boulogne.

» Chacun dira que l'Académie, lorsqu'il en prit le gouvernement, était très-bien montée, et que, sous son directorat, il ne se passa aucun événement capable de rompre un si heureux accord ; qu'il n'était besoin, pour le maintenir, que d'avoir pour chef un homme qui eût de la représentation et qui fût doué, comme il l'était, d'un noble maintien, d'une candeur, d'une simplicité dans les procédés et d'une douceur qui, se trouvant rarement dans les hommes dont les talents ont été couronnés, feront mieux sentir dans la suite la perte que l'Académie fait à la mort de celui-ci. »

(27) Louis de Silvestre est l'auteur de l'un des tableaux du mai de Notre-Dame de Paris. Ce tableau représente la guérison du boiteux, par saint Pierre et saint Jean. Il a été gravé par Tardieu. On voyait plusieurs de ses tableaux dans le refectoire de Saint-Martin-des-Champs ; l'un d'eux a été transporté au Louvre, et a été gravé dans le musée Fillœul. Parmi les tableaux exécutés à Dresde, on cite le portrait de Marie-Josèphe, reine de Pologne ; l'entrevue de l'impératrice Amélie et d'Auguste III, etc.

Plusieurs artistes célèbres ont gravé d'après lui : Nicolas Château, Daulé, Tardieu, Schmid (Georges-Frédéric) et Balechou ; quelques-unes de ces pièces se trouvent à Nancy, dans la belle collection de M. de Haldat et dans la mienne.

On trouve, dans les notes manuscrites de Mariette, t. VIII, la liste suivante des « *Pièces dessinées et gravées par Louis Silvestre, fils d'Israël.* »

Une suite de six paysages gravés par François Silvestre ou par Moyse-J.-Baptiste Fouard, sur les dessins de Louis Silvestre ; le paysage qui y sert de frontispice est gravé par Nicolas Tardieu.

Une autre suite de six paysages, gravés par Moyse-Jean-Baptiste Fouard.

Six autres paysages composant une même suite ; il y en a un, parmi, gravé par Louis Silvestre, et les autres par Pierre Favereaux et François Devin.

Le frontispice de la suite des six paysages précédents, gravé par Moyse-Jean-Baptiste Fouard, d'après François Silvestre.

Un sujet de pastorale dans un paysage servant de frontispice à la suite des six paysages qui suivent ; il est gravé par Nicolas Château, d'après François Silvestre.

Six paysages plus grands que ceux qui ont précédé, gravés par François Devin.

Une autre suite de paysages dans des formes rondes, au nombre de douze, en y comprenant le frontispice, gravés par Louis et Antoine (Alexandre) Silvestre, François Devin, G. Quinault et Moyse-Jean-Baptiste Fouard.

Une autre suite de grands paysages en travers, au nombre de cinq, gravés par Antoine (Alexandre) Silvestre, précédés d'un frontispice gravé par Nicolas Tardieu, d'après François Silvestre.

(28) Voici l'indication des principaux portraits gravés par Susanne Silvestre.

D'après Rubens :

Albert (l'Archiduc), gouverneur des Pays-Bas.
Ferdinand, cardinal, infant d'Espagne, portrait en buste.

D'après Van-Dyck :

Snellinck (Jean), de Malines, peintre d'histoire et de batailles. Portrait plus fort que nature. — Suivant M. Regnault-Delalande, la tête seule est de Susanne, qui l'a gravée en 1710, à l'âge de 16 ans.

Van-Dyck (Antoine), portrait en buste.

Lamagne (Marc-Antoine), banquier et amateur de tableaux, portrait en buste.

Snyders (François), peintre de chasses, à Anvers.

Moncada (François de), marquis d'Aytones.

Mallery (Charles de), graveur au burin.

Cornelissens (Antoine).

Charles Ier, roi d'Angleterre.

Smith (John), graveur en manière noire.

Tête d'homme anonyme, riant.

Autre tête sans nom, vue de face.

D'après Nocret :

Le portrait de Nocret peint par lui-même.

D'après Largillière :

Delpech (J.), marquis de Mereville , conseiller en la grand-chambre. — Grande estampe en hauteur, signée Susanne Silvestre Lemoine.

D'après Le Brun :

Charles-le-Téméraire, duc de Bourgogne, pièce gravée en 1717, d'après le portrait peint par Lebrun, en 1703. — Pièce signée Susanne Silvestre F^e Lemoine.

D'après Vivien.

Berain (Jean). — Ce portrait avait d'abord été gravé par Duflos, la tête a été effacée et refaite par Susanne.

Jacques Thuret, oncle de l'artiste. — On lit dans la marge : *Avunculo charissimo d. Jacobo Thuret gratitudinis et observantiæ pignus, laboris primitias ejus effigiem ære a se incisam dicat et consecrat Susanna Silvestre 1710.*

(29) Voyez ci-après la généalogie de la famille Silvestre.

GÉNÉALOGIE DE LA FAMILLE SILVESTRE.

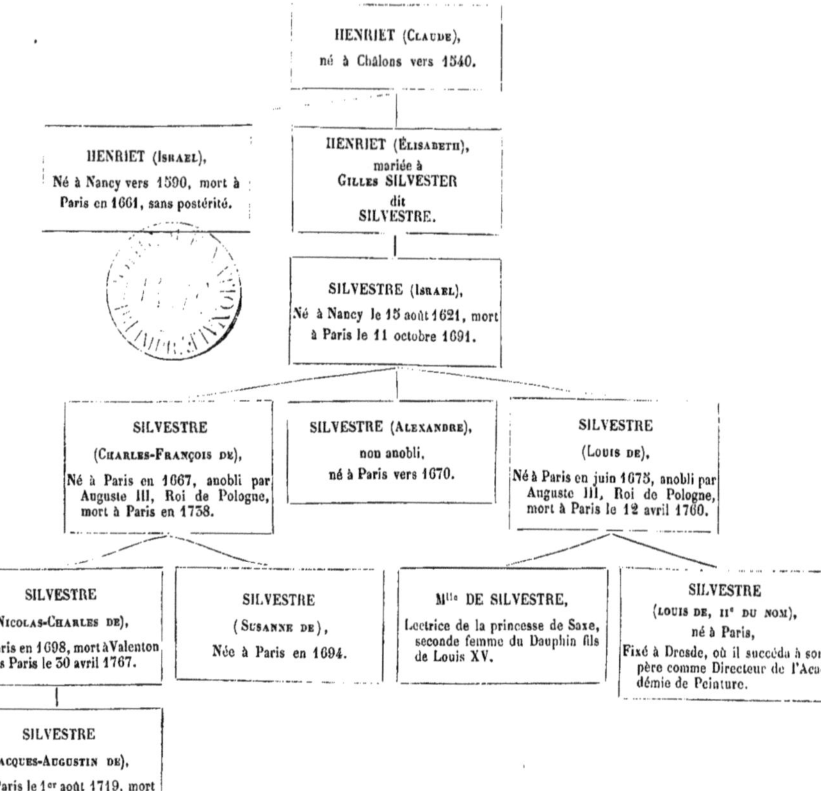